MONIKA SCHUSTER

Kochschule No.1

Erfolgsrezepte und Küchenpraxis leicht gemacht

AUTORIN: MONIKA SCHUSTER
FOTOGRAFIE: MARTINA GÖRLACH, STUDIO EISING

Kochschule No. 1

Erfolgsrezepte und Küchenpraxis leicht gemacht

INHALT

Basiswissen und -rezepte

Köstlichkeiten für den Alltag

Abwechslung aus anderen Ländern

Wenn's was Besonderes sein soll

Liebe Leserinnen und Leser,

Sie halten das Buch einer einzigartigen Initiative in den Händen, das Buch der Kochschule No. 1 – Deutschlands beliebtester Kochschulen-Gemeinschaft.

Hier verbindet ein Gedanke – Ihnen, verehrte Leserin und Leser, mehr Spaß und Freude in der Küche und am Esstisch zu bereiten – verschiedene Branchen: Unter der Trägerschaft von Bosch Hausgeräte trafen sich Unternehmen, die alle etwas mit Kochen, Essen und Genießen zu tun haben. Neben Bosch waren das der Gräfe und Unzer Verlag als Marktführer im Kochbuchbereich sowie Fissler im Bereich Kochgeschirr und Küchenhelfer.

Die Kochschule No. 1 bietet ein einzigartiges Ambiente: Gekocht wird in eigens eingerichteten Küchen bei Küchen- und Möbelfachhändlern. Ihr Vorteil: Sie kochen auf neuesten Hausgeräten und nutzen nagelneues Equipment. Sie testen hochwertiges neues Kochgeschirr sowie Küchenhelfer, und Sie probieren leckere Rezepte aus. Ein Profikoch steht Ihnen zur Seite und hilft, wo nötig, erklärt Kochschritte und vermittelt Wissenswertes aus der Welt der Köche. Nach der Arbeit dann der Genuss: Beim gemeinsamen Essen und Schlemmen können Sie Ihre eigenen Kreationen in angenehmer Gesellschaft genießen.

Erleben Sie die Welt des Kochens neu!

Wir wünschen Ihnen viel Spaß beim Ausprobieren und Entdecken, beim Kochen und Experimentieren und natürlich beim Verwöhnen und Genießen.

Ihre
Kochschule No. 1

Sämtliche Rezepte dieses Buches wurden neu entwickelt, sie entsprechen dem aktuellen Stand der Kochtechnik und zeitgemäßer Ernährungsgewohnheiten. Die Mischung macht's zusätzlich: schnelles, einfaches, gut bürgerliches, asiatisches, exotisches, feines, edles und für besonders Kochambitionierte auch schwieriges. Aber keine Sorge: ein jedes Rezept ist Schritt für Schritt beschrieben. Und dank des Kochschulen-Know-hows und den vielen Tipps gelingt alles auch sicher.

1 Grundrezepte

Kräftige Rinderbrühe vom Tafelspitz

Der Klassiker schlechthin: Ob als köstliche Suppe oder Saucengrundlage, eine kräftige Rinderbrühe ist in der Küche vielfältig einsetzbar. Viele scheuen dieses Rezept, da die Brühe eben einige Zeit kochen muss; allerdings ist der tatsächliche Arbeitsaufwand relativ gering. Und da eine gute Brühe auf Vorrat gekocht werden kann, lohnt sich die Mühe.

Für 2 l Brühe (pro Person rechnet man ca. 200 ml Brühe)

1 kg Tafelspitz vom Rind | 1 Markknochen | 1 Fleischknochen
1–2 Zwiebeln | 2 Möhren (200 g)
1 Stück Knollensellerie (200 g) | 1 Stück Lauch (100 g)
etwa 1/2 Bund glatte Petersilie
1/2 TL schwarze Pfefferkörner | Salz
schwarzer Pfeffer aus der Mühle | frisch geriebene Muskatnuss

Außerdem

Küchengarn | Passiertuch

Der heiße Tipp

Den Tafelspitz in Scheiben schneiden und mit dem Meerrettichgemüse (siehe Seite 136) servieren.

KOCHSCHULEN-KNOW-HOW RINDERBRÜHE

• Brühe am besten auf Vorrat kochen, da sie doch einen gewissen Aufwand erfordert. Für eine kräftige Rinderbrühe benötigt man die angegebene Menge an Rohzutaten – nur so gewinnt man Geschmack und Kraft. Man kann anstelle des Tafelspitzes auch Suppenfleisch oder eine Beinscheibe verwenden. Die restliche Brühe kann man problemlos in Portionsbehälter einfrieren. So hat man eine gute Suppe vorrätig oder eben die Grundlage für eine Sauce.
• Man kann die Suppe noch zusätzlich mit verschiedenen Aromen verfeinern. Für die oben benannte Menge z. B. noch 2 Lorbeerblätter und 3–4 Wacholderbeeren mit in die Suppe geben.
• Frischer Liebstöckel gibt der Suppe eine ganz besondere Note. Dafür einfach zu den Petersilienstängeln noch 2–3 Liebstöckelstängel ins Bouquet garni wickeln.

1. Tafelspitz und Knochen mit kaltem Wasser gründlich abbrausen.

2. 3 Liter Wasser in einem hohen Topf (24 cm Ø) aufkochen, Fleisch und Knochen dazugeben, etwa 10 Min. sprudelnd kochen lassen, dabei den auftretenden Schaum mit einer Schaumkelle abschöpfen. Dann bei geringer Hitze etwa 3 Stunden offen mehr ziehen als köcheln lassen.

3. Die Zwiebeln mit der Schale halbieren und in einer heißen Pfanne ohne Fettzugabe etwa 5 Min. rösten.

4. Die Möhren und den Sellerie waschen, schälen und in grobe Stücke schneiden. Den Lauch putzen, der Länge nach halbieren und gründlich – auch zwischen den Schichten – waschen.

5. Die Petersilie waschen, trockenschütteln und die Blättchen abzupfen. Für das sog. »Bouquet garni« (Sträußchen aus frischen Kräutern) die Petersilienstängel in die Lauchblätter wickeln und mit einem Küchengarn zubinden.

6. Nach ungefähr 1 1/2 Std. Kochzeit das Gemüse, Bouquet garni, Zwiebeln und die Pfefferkörner zur Suppe geben.

7. Die Garzeit des Fleischs ist doch immer etwas unterschiedlich, d. h. nach etwa 2 1/2 Std. mit der Fleischgabel ins Fleisch stechen: Lässt sich die Fleischgabel dabei leicht und ohne großen Widerstand durch das Fleischstück stechen, ist es fertig.

8. Fleisch aus der Suppe nehmen; die Brühe mit einer Schöpfkelle durch ein feinmaschiges, mit feuchtem Passiertuch ausgelegtes Sieb abgießen.

9. Die Brühe nach Bedarf gleich weiterverwenden, d. h. erst jetzt mit Salz, Pfeffer und Muskat abschmecken. Die gekochten Möhren und Sellerie klein schneiden und als Gemüseeinlage zur Suppe servieren.

Helle Geflügelbrühe

Geflügelbrühe sollte als Grundzutat der guten Küche immer vorrätig sein; dank ihres zarten Aromas ist sie vielseitig einsetzbar. Als Suppenhühner werden 15 bis 18 Monate alte Legehennen angeboten, die ein Gewicht zwischen 1,2 und 2 kg haben können.

Für etwa 2 Liter

1 ganzes Suppenhuhn (etwa 1,2 kg)
1 TL Salz | 2 Möhren (200 g)
1 Stück Knollensellerie (200 g)
1 Stück Lauch (80 g)
6 Petersilienstängel ohne Blätter
1 Zwiebel (100 g)
4 Wacholderbeeren
2 Lorbeerblätter
1/2 TL schwarze Pfefferkörner

Außerdem

Küchengarn
Passiertuch

1. Das Suppenhuhn gründlich innen und außen waschen; dann in einen hohen Topf (20 cm Ø) mit 3 l kaltem Wasser geben und aufkochen lassen; jetzt erst das Salz zugeben. Insgesamt 2 1/2 Std. bei geringer Hitze offen köcheln lassen. Den dabei auftretenden Schaum mit einer Schaumkelle abschöpfen.

2. Inzwischen Möhren und Sellerie putzen, waschen und schälen; den Sellerie halbieren. Den Lauch der Länge nach halbieren und gründlich waschen. Das Gemüse mit den Petersilienstängeln zu einem Bund zusammenbinden.

3. Die Zwiebel abziehen und halbieren. Die Wacholderbeeren am besten im Mörser leicht andrücken.

4. Gemüsebund, Zwiebel, Wacholderbeeren, Lorbeerblätter und Pfefferkörner nach etwa 1 Std. Garzeit zur Brühe geben und diese weitere 1 1/2 Std. garen.

5. Gemüse und Suppenhuhn herausheben; die Brühe durch ein feines Sieb (am besten mit einem feuchten Passiertuch ausgelegt) in einen Topf abgießen; nach Bedarf gleich weiterverwenden.

Die heißen Tipps

• Zum Aufbewahren die Brühe heiß in saubere (am besten ausgekochte) Gläser füllen, verschließen, abkühlen lassen und im Kühlschrank aufbewahren. Oder abkühlen lassen und portionsweise einfrieren.

• Das Suppenhuhn nach Geschmack weiterverwenden, z. B. als Suppeneinlage für eine Nudelsuppe. Dafür die Haut abziehen und das Fleisch von Brust und Keulen in mundgerechte Stücke zupfen.

Gemüsebrühe

Die Gemüsebrühe ist nicht nur eine Alternative für Vegetarier! Auch zur Weiterverwendung für Saucen schmeckt sie deutlich besser als Wasser.

Für etwa 2 Liter

1 große Zwiebel (150 g) | 1 Stück Knollensellerie (150 g)
2 Möhren (200 g) | 1 Petersilienwurzel (80 g)
2 Stangen Staudensellerie (200 g) | 1 kleine Knoblauchzehe
2 Tomaten (200 g) | 4 Champignons (60 g) | 1 Stück Lauch (80 g)
6 Zweige Petersilienstängel ohne Blätter | 4 Wacholderbeeren
2 EL Olivenöl | Salz | 1/2 TL schwarze Pfefferkörner

Außerdem

Küchengarn | Passiertuch

1. Die Zwiebel abziehen und würfeln. Sämtliches Gemüse putzen und waschen. Knollensellerie, Möhren und Petersilienwurzeln schälen und mit dem Staudensellerie in etwa 3 cm große Würfel schneiden. Die Knoblauchzehe mit dem Messerrücken oder der Handinnenseite andrücken und schälen. Die Tomaten vom grünen Strunk befreien und in grobe Würfel schneiden. Die Champignons mit einem Küchentuch abreiben, putzen und halbieren.

2. Den Lauch putzen, der Länge nach halbieren, gründlich – auch zwischen den Schichten – waschen. Die Petersilienstängel waschen. Die Wacholderbeeren am besten im Mörser andrücken. Für das sog. »Bouquet garni« die Petersilienstängel in die Lauchblätter wickeln und mit dem Küchengarn zusammenbinden.

3. Das Olivenöl in einem hohen Topf (24 cm Ø) erhitzen, Zwiebeln, Knollensellerie, Möhren und Petersilienwurzeln darin etwa 5 Min. anschwitzen und mit 2 Prisen Salz würzen. Das restliche Gemüse dazugeben und mit 2 1/2 l Wasser aufgießen, aufkochen lassen und den dabei auftretenden Schaum mit einer Schaumkelle abschöpfen; 1 1/2 Std. bei geringer Hitze offen köcheln lassen.

4. Nach etwa 45 Min. das Bouquet garni, Wacholderbeeren und Pfefferkörner dazugeben und weitere 45 Min. garen. Dann die Gemüsebrühe durch ein feines Sieb (am besten mit einem feuchten Passiertuch ausgelegt) in einen Topf abgießen.

Der heiße Tipp

Zum Aufbewahren noch heiß in saubere (am besten ausgekochte Gläser) füllen, verschließen, abkühlen lassen und im Kühlschrank aufbewahren. Oder abkühlen lassen und portionsweise einfrieren.

Fischbrühe

Die Zubereitung einer Fischbrühe schreckt viele ambitionierte Hobbyköche ab. Sie ist aber eigentlich mit das Einfachste, was man selbst kochen kann. Und noch ein Vorteil: Nach der angegebenen Garzeit ist der Fond auch schon fertig. Auf keinen Fall länger kochen, sonst wird er trübe und kann leimig schmecken.

Für etwa 2 Liter

1 kg Fischkarkassen
3 Schalotten (100 g) | 1 Fenchelknolle (250 g)
1 Stange Staudensellerie (100 g) | 4 Champignons (60 g)
3 EL Olivenöl | 1 Prise Safranfäden (etwa 8 Fäden)
500 ml Weißwein | 200 ml Noilly Prat (Weißer Vermouth)
1 Stück Lauch (50 g) – nur das Weiße | 4 Wacholderbeeren
2 Dillstängel | 6 Petersilienstängel ohne Blätter
1/2 TL schwarze Pfefferkörner
2 Lorbeerblätter | Salz | 1 Msp. Cayennepfeffer

Außerdem

Küchengarn | Passiertuch

KOCHSCHULEN-KNOW-HOW FISCHKARKASSEN

- Beim Fischhändler nach Fischkarkassen (ausgelöste Fischgräten) von hellen Meeresfischen fragen, wie z. B. Seezungen, Seeteufel, Steinbutt, Wolfsbarsch. Der Fischfond wird z. B. durch Lachskarkassen (speziell durch den Lachskopf) etwas trüb; zudem kann er dadurch auch ein wenig »modrig« schmecken. Also lieber darauf verzichten!
- Die Fischkarkassen unter fließendem, kaltem Wasser etwa 30 Min. wässern; die Blutreste werden dadurch gelöst.
- Für die Zubereitung von Fischfond werden nur »helle« Zutaten verwendet. Beim Suppengemüse verwendet man daher nur das »Weiße« vom Lauch, Champignons, feinen Staudensellerie und Fenchel. Auf Möhren wird verzichtet, da sie zu süßlich schmecken und den »hellen« Fischfond zudem verfärben würden.

1. Die Fischkarkassen in grobe Stücke (am besten mit einer Fischschere) schneiden. Die Kiemen herausschneiden und wegwerfen. Die Karkassen etwa 30 Min. in kaltes Wasser einlegen; dann abtropfen lassen.

2. Die Schalotten abziehen und in 1 cm große Würfel schneiden. Fenchel und Staudensellerie putzen und waschen. Den Fenchel halbieren und den Strunk rausschneiden. Fenchel und Staudensellerie klein würfeln. Die Champignons mit einem Küchenpapier abreiben, putzen und vierteln.

3. Das Olivenöl in einem großen Topf (28 cm Ø) erhitzen und die Fischkarkassen darin in etwa 5 Min. bei mittlerer Temperatur anschwitzen. Dann die Schalotten,

Gemüsewürfel, Champignons und Safranfäden dazugeben, kurz mitdünsten und mit Weißwein und Noilly Prat ablöschen. 2 l kaltes Wasser aufgießen, aufkochen lassen und den dabei auftretenden Schaum mit einer Schaumkelle abschöpfen.

4. Den Lauch putzen, der Länge nach halbieren und gründlich – auch zwischen den Schichten – waschen. Die Wacholderbeeren am besten im Mörser leicht andrücken. Dill und Petersilie wa-

schen und trockenschütteln; vom Dill die Spitzen, von der Petersilie die Blättchen abzupfen.

5. Für das Bouquet garni die Dill- und Petersilienstängel in die Lauchblätter wickeln und mit Küchengarn zubinden.

6. Das Bouquet garni, Wacholder, Pfefferkörnern und Lorbeer zum Fischfond geben, nur wenig mit Salz und Cayennepfeffer würzen und 15 Min. bei geringer Hitze offen köcheln lassen. Dann den

Herd ausschalten und weitere 20 Min. ziehen lassen.

7. Die Fischbrühe mit einem großen Schöpfer vorsichtig durch ein feines Sieb (am besten mit einem feuchten Passiertuch ausgelegt) in einen Topf abgießen; nach Bedarf gleich weiterverwenden oder aufbewahren, siehe Geflügel- oder Gemüsebrühe, Seite 12/13.

Braune Kalbssauce

Ein Blick in die altfranzösische Kochgeschichte zeigt: Die Kalbssauce war schon hier die Nummer 1, wenn es um gute Saucenzubereitung ging. Sie gilt nach wie vor als Basis in der feinen Küche und ist das Fundament für die nebenstehenden Klassiker Portwein- und Madeirasauce.

Für 1 Liter Sauce

4 EL Pflanzenöl | 1,5 kg Kalbsknochen
1 Stück Knollensellerie (200 g)
2 Möhren (200 g) | 2 Zwiebeln (200 g)
1 Knoblauchzehe | 2 EL Tomatenmark
1 Flasche kräftiger Rotwein (750 ml)
1 EL Mehl (Type 405) | 1 TL Salz
1 Stück Lauch (80 g) | 4 Thymianzweige
1 Salbeizweig | 1 TL schwarze Pfefferkörner

Außerdem

Küchengarn | Passiertuch

1. Das Pflanzenöl in einem großen Topf (28 cm Ø) erhitzen, die Kalbsknochen dazugeben und 20 Min. bei mittlerer Temperatur rösten; ab und zu umrühren. Inzwischen das Gemüse putzen und waschen. Sellerie, Möhren und Zwiebeln in etwa 2 cm große Würfel schneiden. Die Knoblauchzehe in der Schale mit dem Messerrücken oder Handinnenseite andrücken.

2. Sellerie, Zwiebeln, Möhren und Knoblauchzehe zu den Knochen geben und 10 Min. mitrösten. Dann das Tomatenmark dazugeben und weitere 5 Min. rösten. Mit 1 Schuss Rotwein ablöschen und diesen vollständig einkochen lassen. Alles mit Mehl bestäuben, umrühren, wieder mit 1 Schuss Rotwein ablöschen. Diesen Vorgang nochmals wiederholen. Den restlichen Rotwein und ca. 2 l Wasser aufgießen, salzen, aufkochen lassen und den Schaum abschöpfen. Die Sauce bei geringer Hitze etwa 2 1/2 Std. offen köcheln lassen.

3. Den Lauch der Länge nach halbieren und gründlich waschen; die Kräuter ebenfalls waschen. Lauch und Kräuter mit dem Küchengarn zusammenbinden. Den Kräuterbund und Pfefferkörner nach 1 Std. dazugeben. Die Sauce durch ein feines Sieb abgießen und je nach Bedarf gleich weiterverarbeiten. Aufbewahren, siehe Seite 12/13.

1

2

KOCHSCHULEN-KNOW-HOW KALBSSAUCE

- Auf das Anrösten kommt es an: Nur durch langsames Rösten erhält man später auch eine schöne Farbe und vor allem einen guten Geschmack. Röstet man mit zu hoher Temperatur, kann die Sauce einen unangenehm bitteren Geschmack erhalten.
- Das Mehl bindet die Sauce und verleiht ihr einen schöneren Glanz.
- Pro Person rechnet man ungefähr 100 ml Sauce. Je länger die Sauce reduziert, desto kräftiger wird sie. Dabei verändern sich Farbe und Konsistenz.

Portweinsauce

Für 4 Personen (= 400 ml)

1/2 Zwiebel (50 g)
1 Schalotte (40 g)
2 EL Butter | 300 ml roter Portwein
200 ml kräftiger Rotwein
500 ml braune Kalbssauce | Salz

1. Zwiebel und Schalotte abziehen und fein würfeln.

2. Die Butter in einem Topf (24 cm Ø) aufschäumen lassen, Zwiebeln und Schalotten darin 2 Min. glasig dünsten.

3. Mit Portwein und Rotwein ablöschen und etwa 15 Min. einkochen lassen.

4. Die Grundsauce dazugeben und weitere 10 Min. köcheln lassen.

5. Die Sauce durch ein feines Sieb passieren, wieder in den Topf geben, nochmals aufkochen lassen, leicht salzen und servieren.

Der heiße Tipp

Die Sauce schmeckt zu gebratenem Rind- und Kalbfleisch, zu Ente, Geflügel, Kaninchen und Wildgerichten.

Madeirasauce

Für 4 Personen (= 400 ml)

1/2 Zwiebel (50 g)
1 Schalotte (40 g)
2 EL Butter | 250 ml Madeira
150 ml kräftiger Rotwein
100 ml roter Portwein
500 ml braune Kalbssauce | Salz

1. Zwiebel und Schalotte abziehen und fein würfeln.

2. Die Butter in einem Topf (24 cm Ø) aufschäumen lassen und die Zwiebeln und Schalotten darin 2 Min. glasig dünsten. Mit Madeira, Rotwein und Portwein ablöschen und etwa 15 Min. einkochen lassen.

3. Die Grundsauce dazugeben und weitere 10 Min. köcheln lassen.

4. Die Sauce durch ein feines Sieb in einen Topf abgießen, nochmals aufkochen lassen, leicht salzen und servieren.

Der heiße Tipp

Die Sauce schmeckt zu gebratenem Rind- und Kalbfleisch.

Sauce hollandaise

Sie gilt als Klassiker zu Kartoffeln und Spargel oder zarten Fisch- und Gemüsegerichten. Worüber sich die Köche seit Jahrhunderten streiten: Wird eine Hollandaise nun mit Essig, Weißwein oder Wasser hergestellt? Erlaubt ist, was schmeckt.

Für 4 Personen

150 g Butter
2 Eigelbe (M)
50 ml Weißwein
1 TL Worcestersauce | Salz
schwarzer Pfeffer aus der Mühle
Cayennepfeffer
etwas Zitronensaft

1. Die Butter bei schwacher Hitze schmelzen lassen.

2. Eigelbe mit Weißwein in einer Metallschüssel mit rundem Boden (Schlagkessel) verrühren und mit Worcestersauce, Salz, Pfeffer und Cayennepfeffer würzen. Über einem heißen Wasserbad mit einem »weichen« Schneebesen in ca. 3 Min. zu einer cremigen, luftigen Masse schlagen, vom Wasserbad nehmen.

3. Die flüssige, nicht zu heiße Butter unter ständigem Rühren langsam zugeben und mit einem Schneebesen verrühren. Zum Schluss die Sauce mit einigen Tropfen Zitronensaft abschmecken und je nach Rezept weiter verarbeiten.

Die heißen Tipps

• Man kann sie z. B. auch zum Überbacken (siehe «Überbackenes Kalbsfilet mit Morchelrahmsauce« Seite 177) verwenden. Je nach Gericht können Sie die Sauce verändern, z. B. mit verschiedenen Kräutern und Gewürzen (Basilikum, Estragon, Dill, Petersilie, grüner Pfeffer, rosa Beeren etc.)

• Für eine festere Gratinmasse hilft 1 Scheibe entrindetes, geriebenes Toastbrot.

1

2

KOCHSCHULEN-KNOW-HOW
PANNENHILFE

• Gerinnt die Sauce (d. h. Eigelbe und Butter trennen sich) kann man sie mit einem Schuss eiskalten Wasser oder 1 guten EL geschlagene Sahne wieder »retten«: Wasser oder Sahne am Rand einlaufen lassen und langsam unter die Sauce rühren.

• Gelingt diese Methode nicht, nochmals 2 Eigelbe mit Weißwein über dem Wasserbad aufschlagen und dann die »geronnene« Masse langsam einrühren.

Béchamelsauce

Eine Form der Mehlschwitze, die auf den Einfluss der spanischen Köche zurückgeht, die die sog. »Roux« im 17. Jahrhundert an den französischen Hof brachten. Diese Sauce dient zum Binden oder kann Grundlage für feinere Saucen, z. B. einer Meerrettichsauce, sein.

Für 400 ml Sauce

1/2 Zwiebel
1 kleines Lorbeerblatt
2 Nelken
1 1/2 EL Butter (30 g)
1 1/2 EL Mehl (30 g; Type 405)
600 ml Milch | Salz
schwarzer Pfeffer aus der Mühle
frisch geriebene Muskatnuss

1

2

1. Die Zwiebelhälfte abziehen, das Lorbeerblatt mit Hilfe der Nelken auf die Zwiebel spicken (siehe Stepbild 2).

2. Die Butter in einem kleinen Topf (20 cm Ø) erhitzen und das Mehl darin glatt verrühren. Die Milch nach und nach dazugießen und – am besten mit einem Schneebesen – glatt einrühren. Aufkochen lassen, die gespickte Zwiebelhälfte dazugeben und offen etwa 25 Min. bei milder Hitze köcheln lassen – die Sauce dabei immer wieder umrühren, da sie leicht anbrennt.

3. Die Sauce mit Salz, Pfeffer und Muskatnuss würzen, durch ein Sieb abgießen und je nach Rezept weiterverarbeiten.

KOCHSCHULEN-KNOW-HOW MEHLSCHWITZE

• Eine Grundregel gibt es bei der Zubereitung einer Béchamelsauce zu beachten: Die heiße Mehlschwitze immer mit kalter Flüssigkeit ablöschen. Ist die Mehlschwitze kalt, wird mit heißer Flüssigkeit abgelöscht, ansonsten würde das Mehl klumpen.
• Für eine weiße Fisch- oder Geflügelsauce wird beispielsweise die Mehlschwitze mit Fisch- oder Geflügelfond (anstelle der Milch) aufgegossen.

Kalte Saucen

Auch sie sind ein fester Bestandteil der guten Küche. Ihr Vorteil: Kalte Saucen sind zumeist schnell zubereitet – allerdings benötigt man frische und hochwertige Zutaten. Mit den beiden genannten Saucen ist das asiatische wie das mediterrane Küchenspektrum bestens abgedeckt.

Frische Chilisauce

Ein »Scharfmacher« der besonderen Art: Sie kombiniert Schärfe, Frische und würzigen Geschmack und eignet sich daher besonders zu vielen asiatischen Gerichten.

Für 4 Personen

1 mittelgroße Knoblauchzehe
2 rote Thailändische Chilischoten
1 TL Fischsauce (Asiamarkt)
1 gestr. TL Zucker | Saft von 1 Limette

1. Die Knoblauchzehe abziehen. Die Chilischoten waschen und der Länge nach halbieren. Wer es nicht so scharf mag, entfernt die Samen – die »Feurigen« lassen sie in den Schoten. Vorsicht: Nach diesem Arbeitsschritt unbedingt die Hände waschen, da man den Scharfmacher Capsantin an den Fingern hat.

2. Knoblauch und Chili möglichst fein hacken und mit den restlichen Zutaten zur Sauce verrühren.

Cremiges Pesto

Der italienische Klassiker, der nicht nur Pastagerichte aromatisiert. Auch für Rindercarpaccio, als Dip für Gemüse oder einfach zu geröstetem Brot eignet er sich hervorragend.

Für 2 Gläser à 200 ml Füllmenge

1/2 Bund Basilikum (abgezupft ca. 30 g)
1/2 Bund glatte Petersilie (abgezupft ca. 10 g)
50 g mittelalter Pecorino (Schafkäse)
30 g Pinienkerne | 200 ml Olivenöl

1. Die Kräuter waschen, trockentupfen, die Blättchen zupfen und in ein hohes Gefäß geben. Den Pecorino fein reiben.

2. Käse, Pinienkerne und Olivenöl zu den Kräutern geben und mit einem Stabmixer pürieren – Traditionalisten benutzen dafür Mörser und Stößel.

3. Das Pesto in saubere Gläser füllen, verschließen und kühl stellen.

Die heißen Tipps

• Das Pesto erst bei der Weiterverwendung vorsichtig mit Salz abschmecken; der Pecorino würzt bereits.

• Man kann die Pinienkerne auch in einer Pfanne ohne Fett goldbraun rösten; das intensiviert ihren Geschmack. Zur Weiterverwendung abkühlen lassen und erst dann zu den Kräutern geben.

• Zum Aufbewahren die Gläser samt Deckel mit kochendem Wasser übergießen und dann gut trocknen lassen.

• Das Pesto hält sich ohne weiteres im Kühlschrank über mehrere Wochen. Beim Weiterverwenden immer mit einem sauberen Löffel herausnehmen, gegebenenfalls mit etwas frischem Olivenöl beträufeln: Das Öl schließt die Oberfläche und konserviert dadurch das Pesto.

Mayonnaisen

Eine selbst gemachte Mayonnaise ist eine Bereicherung in der Küche. Sie kann mit Hilfe diverser Kräuter und Gewürze wunderbare Abwandlungen erfahren.

Mayonnaisen-Klassiker

Für 4 Personen (= 200 g)

2 Eigelbe (M) | 2 EL mittelscharfer Senf
einige Spritzer Tabasco
150 ml Pflanzenöl | Salz
schwarzer Pfeffer aus der Mühle

1. Die Eigelbe mit Senf und Tabasco in ein hohes Gefäß geben. Das Pflanzenöl langsam am besten mit dem elektrischen Pürierstab einmixen.

2. Ganz zum Schluss mit Salz und Pfeffer würzen. 2 EL heißes Wasser einrühren. Das Wasser verdünnt die Mayonnaise. Sie bekommt dadurch ihre helle, ganz typische Farbe.

3. Die cremige Mayonnaise je nach Rezept »natur« servieren.

Chilimayonnaise pikant

Für 4 Personen

1 Grundrezept Mayonnaise
1 Spritzer Zitronensaft
1 Prise Zucker
2 Prisen getrocknete Chiliflakes | Salz
schwarzer Pfeffer aus der Mühle

1. Die fertige Mayonnaise mit Zitronensaft, Zucker, Chiliflakes und 2 EL heißem Wasser verrühren und je nach dem noch mit Salz und Pfeffer abschmecken.

Honig-Senf-Mayonnaise

Für 4 Personen

2 Zweige Dill
100 g Mayonnaise (1/2 Menge Grundrezept)
1 EL Honig | 1 EL mittelscharfer Senf
Salz | schwarzer Pfeffer aus der Mühle
Cayennepfeffer

1. Den Dill waschen, trockenschütteln und die Spitzen fein hacken. Die Mayonnaise mit Honig und Senf verrühren, den Dill unterziehen und mit Salz, Pfeffer und Cayennepfeffer pikant abschmecken.

KOCHSCHULEN-KNOW-HOW MAYONNAISE
Alle Zutaten sollten Zimmertemperatur haben, da die Mayonnaise sonst leicht gerinnen kann.

Der heiße Tipp
Die Honig-Senf-Mayonnaise ist die Traditionssauce zu geräuchertem oder gebeiztem Lachs.

Dressings

Erst durch sie bekommen Salate Geschmack. Dank der hervorragend milden Essige, die es heute gibt, verwendet man Öl und Essig im Allgemeinen im Verhältnis 2 zu 1.

Aceto-balsamico-Dressing

Für 4 Personen

4 EL Aceto balsamico
2 EL Senf, mittelscharf
100 ml Gemüsebrühe (siehe Seite 13)
1 kleine Knoblauchzehe, geschält
3 TL Zucker | 4 EL Olivenöl
4 EL Pflanzenöl | Salz
schwarzer Pfeffer aus der Mühle

1. Den Essig mit Senf, Gemüsebrühe, geschälter Knoblauchzehe, Zucker, Olivenöl und Pflanzenöl in ein hohes Gefäß geben. Mit dem Stabmixer aufschlagen und mit Salz und Pfeffer abschmecken.

Die heißen Tipps

• Das Dressing kann man verschlossen mehrere Tage im Kühlschrank lagern.
• Passt hervorragend zu den Salaten Romana, Rucola, Radicchio, Chicoree oder Endivien.

French Dressing klassisch

Für 4 Personen

2 Eigelbe (M) | 2 EL mittelscharfer Senf,
100 ml Gemüsebrühe (siehe Seite 13)
1 kleine Knoblauchzehe, geschält
4 EL Weißweinessig
2 TL Zucker
8 EL Pflanzenöl | Salz
schwarzer Pfeffer aus der Mühle

1. Die Eigelbe mit Senf, Gemüsebrühe, geschälter Knoblauchzehe, Weißweinessig, Zucker und Pflanzenöl in ein hohes Gefäß geben. Mit dem Stabmixer aufschlagen und mit Salz und Pfeffer abschmecken.

Die heißen Tipps

• Zusätzlich kann man z. B. Buttercroûtons oder kross gebratene Speckwürfel über den Salat streuen. Auch gehobelte Parmesanspäne passen wunderbar dazu.
• Als Salate eignen sich z. B. Romana, Rucola, Radicchio, Eisberg, Chicoree oder Endivien.

Himbeerdressing mit Preiselbeeren

Für 4 Personen

4 EL Himbeeressig
6 EL Geflügel- oder Gemüsebrühe (siehe Seite 12 u. 13)
3 TL Preiselbeeren (aus dem Glas)
2 Prisen Meersalz, z. B. Fleur de Sel
schwarzer Pfeffer aus der Mühle
8 EL Olivenöl

1. Den Essig mit Brühe und Preiselbeeren verrühren, mit Salz und Pfeffer abschmecken. Erst jetzt das Olivenöl einrühren und den Salat damit anmachen.

Die heißen Tipps

• Für ein »nussiges« Öl das Olivenöl (6 EL) z. B. mit einem Öl aus Macadamia-Nüssen (2 EL) mischen.
• Als Salat eignen sich z. B. Feldsalat, junger Blattspinat, Endivien, Lollo bianco.
• Dazu passen z. B. gebratene Riesengarnelen, Hühnerbrust, Putenbruststreifen, geräucherte Enten- oder Gänsebrust.

Sherry-Dressing
mit frischen Kräutern

Für 4 Personen

1 Schalotte (40 g)
1/2 Bund frischer Schnittlauch
2 Zweige glatte Petersilie
1 kleiner Zweig Estragon
4 EL Sherryessig
100 ml Gemüsebrühe (siehe Seite 13)
3 TL Zucker | Salz
schwarzer Pfeffer aus der Mühle
8 EL Olivenöl

1. Die Schalotte abziehen und fein würfeln. Die Kräuter waschen und trockenschütteln; den Schnittlauch in feine Röllchen schneiden, Petersilie und Estragon abzupfen und fein schneiden.

2. Sherryessig mit der Brühe und dem Zucker verrühren und mit Salz und Pfeffer abschmecken. Kräuter und Olivenöl zum Essig geben, gut durchrühren und nochmals abschmecken.

Der heiße Tipp

Als Salate eignen sich z. B. Kopfsalat, Novita, Eichblatt.

Joghurt-Limette-Dressing mit Minze

Für 4 Personen

1/2 Bund Schnittlauch
2 Zweige Minze
200 g Naturjoghurt
Saft und abgeriebene Schale von
1 unbehandelten Limette
2 TL Zucker | Salz
schwarzer Pfeffer aus der Mühle
1 Msp. Cayennepfeffer
4 EL Olivenöl

1. Die Kräuter waschen und trockenschütteln; den Schnittlauch in feine Röllchen schneiden, die Minze abzupfen und grob zerkleinern.

2. Den Joghurt mit Limettensaft, Limettenschale und Zucker mit einem Stabmixer schaumig aufschlagen. Mit Salz, Pfeffer und Cayennepfeffer abschmecken.

3. Kräuter und Olivenöl unter die Joghurtsauce rühren (nicht mehr mixen!) und nochmals abschmecken.

Der heiße Tipp

Als Salat eignen sich zarte Blattsalate, wie z. B. Novita, Kopfsalat, Frisée, Lollo bianco. Natürlich kann man die Blattsalate noch mit Salatgurken, Tomaten oder geraspelten Möhren verfeinern.

Lauwarmes
Kartoffeldressing

Für 4 Personen

200 g mehlig kochende Kartoffeln
Salz | 4 EL Branntweinessig
200 ml warme Rinderbrühe
(siehe Seite 10)
1 TL Zucker
schwarzer Pfeffer aus der Mühle
1 Msp. Cayennepfeffer
1 Prise gemahlener Kümmel
8 EL Pflanzenöl
1/2 Bund glatte Petersilie

1. Die Kartoffeln waschen, schälen, je nach Größe halbieren oder vierteln, in reichlich Salzwasser in etwa 20 Min. weich kochen und abgießen.

2. Kartoffeln, Branntweinessig, Brühe und Zucker in ein hohes Gefäß geben und mit dem Stabmixer pürieren. Mit Salz, Pfeffer, Cayennepfeffer und Kümmel pilant abschmecken. Dann das Pflanzenöl einmixen.

3. Die Petersilie waschen, trockenschütteln, die Blättchen abzupfen und fein schneiden; unter das lauwarme Kartoffeldressing rühren und mit dem Salat anmachen.

Der heiße Tipp

Als Salate eignen sich z. B. Feldsalat oder fein geschnittener Endiviensalat.

Buttermischungen – würzige Verfeinerungen

Buttermischungen dürfen beim Grillen einfach nicht fehlen: Sie schmecken zu Fisch, Meeresfrüchten, Fleisch und Geflügel, genauso wie zu Gemüse, Kartoffeln oder geröstetem Weißbrot. Auch Pfannengerichte bekommen durch eine geschmackvolle Würzbutter eine individuelle Note. Und ein Pastagericht wird damit zu einer schnellen Leckerei.

Kräuterbutter

Für 4 Personen

100 g weiche Butter
4 Zweige glatte Petersilie
2 Zweige Dill
1 Zweig Basilikum
1/2 Bund Schnittlauch
1 TL mittelscharfer Senf
1 Spritzer Worcestersauce | Salz
schwarzer Pfeffer aus der Mühle

1. Die weiche Butter mit dem Handrührgerät etwa 5 Min. schaumig aufschlagen. Alle Kräuter waschen, trockenschütteln und die Blättchen abzupfen. Petersilie, Dill und Basilikum fein schneiden, Schnittlauch in feine Röllchen schneiden – man erhält eine Menge von ca. 20 g.

2. Die Butter mit Kräutern und Senf verrühren, mit Worcestersauce, Salz und Pfeffer abschmecken.

Der heiße Tipp

Je nach Geschmack kann man die Kräuterbutter noch mit gehacktem Knoblauch oder klein geschnittenen roten Zwiebeln verfeinern. Dann aber am gleichen Tag verwenden.

Schwarze Pfefferbutter mit Cognac

Für 4 Personen

100 g weiche Butter
1 gestr. TL schwarze Pfefferkörner
1 EL Cognac
einige Spritzer alter Aceto balsamico
2 Prisen Meersalz, z. B. Fleur de Sel

1. Die weiche Butter mit dem Handrührgerät etwa 5 Min. schaumig aufschlagen. Die Pfefferkörner am besten im Mörser grob zerstoßen.

2. Butter mit Pfeffer, Cognac, Aceto balsamico und Meersalz verrühren.

Zitronen-Sardellen-Butter

Für 4 Personen

100 g weiche Butter
4 eingelegte Sardellenfilets (etwa 20 g)
2 Zweige glatte Petersilie
1 Msp. abgeriebene Zitronenschale
1 Spritzer Zitronensaft | Salz
schwarzer Pfeffer aus der Mühle
Cayennepfeffer

1. Die weiche Butter mit dem Handrührgerät etwa 5 Min. schaumig aufschlagen. Die Sardellenfilets mit kaltem Wasser abbrausen, mit Küchenpapier trockentupfen und fein hacken. Die Petersilie waschen, trockenschütteln und die Blättchen fein schneiden.

2. Die Butter mit Sardellenfilets, Kräutern, Zitronenschale und -saft verrühren und mit Salz, Pfeffer und Cayennepfeffer abschmecken.

Tomatenbutter mit Chili und Basilikum

Für 4 Personen

100 g weiche Butter
4 getrocknete Tomaten, in Öl eingelegt (20 g)
8 große Basilikumblätter
2 TL Tomatenmark
2 Prisen getrocknete Chiliflakes | Salz
schwarzer Pfeffer aus der Mühle

1. Die weiche Butter mit dem Handrührgerät etwa 5 Min. schaumig aufschlagen. Die Tomaten klein würfeln. Das Basilikum waschen, trockentupfen und in feine Streifen schneiden.

2. Tomatenmark, Tomatenwürfel und Basilikum unter die schaumige Butter heben und mit Chiliflakes, Salz und Pfeffer abschmecken.

Trüffelbutter mit rotem Portwein

Für 4 Personen

100 g weiche Butter
1 kleiner schwarzer Trüffel (6 g), z. B. eingelegter Sommertrüffel
einige Tropfen Trüffelöl
1 TL roter Portwein | Salz
schwarzer Pfeffer aus der Mühle

1. Die weiche Butter mit dem Handrührgerät etwa 5 Min. schaumig aufschlagen. Den Trüffel in feine Würfel schneiden.

2. Die Butter mit Trüffel, Trüffelöl und Portwein verrühren, mit Salz und Pfeffer abschmecken.

Der heiße Tipp

Der eingelegte Sommertrüffel ist günstiger: Sie werden im Glas oder in der Dose angeboten. Das aromatische Trüffelöl dient zur Unterstützung des Trüffelgeschmacks. Vorsicht bei der Dosierung – weniger ist mehr!

KOCHSCHULEN-KNOW-HOW BUTTERMISCHUNGEN

- Die Buttermischungen lassen sich problemlos kühl aufbewahren oder einfrieren. Dazu die Butter nach Fertigstellung auf ein Stück Backpapier geben, aufrollen, an den Enden eindrehen, mit einer Küchenschnur zubinden, gegebenenfalls beschriften und kühl stellen oder in einen Gefrierbeutel geben.
- Als kleines Geschenk für die Grillparty die Buttermischungen in Backpapier rollen und mit einem kleinen beschrifteten Etikett versehen.

Kartoffeln – variantenreiche Lieblingsbeilage

Sie sind die wichtigste Beilage in der klassischen deutschen Küche, aber auch in anderen Ländern nicht wegzudenken; z. B. die spanische Tortilla oder die italienischen Gnocchi kommen ohne die braune Knolle nicht aus. Natürlich gibt es viele der folgenden Rezepte als Fertigprodukt – probieren Sie die Rezepte dennoch einmal aus: Der geschmackliche Unterschied wird sie überzeugen.

Kartoffelpüree

Für 4 Personen

1 kg mehlig kochende Kartoffeln
Salz | 100 ml Milch | 150 g Butter
frisch geriebene Muskatnuss

1. Die Kartoffeln waschen, schälen, je nach Größe halbieren oder vierteln und in Salzwasser etwa 20 Min. weich kochen. Dann das Wasser abgießen, Kartoffeln nochmals auf den Herd stellen und bei geringster Temperatur etwa 5 Min. ausdampfen lassen.

2. Die Milch aufkochen, die Butter klein würfeln und in der heißen Milch schmelzen lassen; mit Salz und Muskatnuss würzen.

3. Die Kartoffeln mit der Kartoffelpresse in eine Schüssel drücken, mit der heißen Milch begießen und mit einem Kochlöffel glatt rühren. Das Kartoffelpüree nochmals abschmecken und gleich servieren.

Die heißen Tipps

• Für die etwas edlere, »feinere« Variante die Milch zur Hälfte durch flüssige Sahne ersetzen. Kartoffeln 2-mal durch die Presse drücken. Erst dann mit der heißen Sahnemilch begießen und glatt rühren. Zum Warmhalten einfach auf ein heißes »Wasserbad« stellen. Vor dem Servieren nochmals durchrühren.

• Das Basisrezept kann auf verschiedenste Art verfeinert werden, z. B. mit

• fein geschnittenem Endiviensalat

• Röstzwiebeln

• gehackten Kräutern, z. B. frischer, glatter Petersilie

• kross gebratenen Speckwürfeln.

KOCHSCHULEN-KNOW-HOW KARTOFFELPÜREE

• Durchs »Ausdampfen« werden die Kartoffeln trocken und binden dadurch besser.

• Man kann die Kartoffeln auch in der Schale kochen. Noch heiß schälen und gleich weiterverarbeiten.

• Das Kartoffelpüree niemals mit dem Schneebesen glatt rühren. Durch den Schneebesen oder elektrischen Pürierstab wird das Püree zäh.

• Man kann die geschälten Kartoffeln auch mit Kräutern kochen. Dadurch nehmen sie gleich etwas Geschmack an; so lässt sich ein beliebter Familienklassiker einfach aufpeppen. Als Kräuter eignen sich z. B. frische Dill- oder Petersilienzweige.

Bouillonkartoffeln

Für 4 Personen

1 Zwiebel (100 g) | 1 Petersilienwurzel (100 g)
2 Möhren (200 g)
1 St. Knollensellerie (100 g)
800 g Kartoffeln | 1 Stück Lauch (40 g)
2 EL Butter | 800 ml Rinderbrühe
(siehe Seite 10)
1/2 Bund glatte Petersilie | Salz
schwarzer Pfeffer aus der Mühle
frisch geriebene Muskatnuss

1. Die Zwiebel abziehen und in 1 cm große Würfel schneiden. Petersilienwurzel, Möhren, Sellerie und Kartoffeln putzen, waschen, schälen und in 1 cm große Würfel schneiden. Den Lauch der Länge nach halbieren, gründlich – auch zwischen den einzelnen Schichten waschen – und ebenfalls in 1 cm große Würfel schneiden.

2. Die Butter in einem Topf (24 cm Ø) erhitzen und die Zwiebeln darin in ca. 3 Min. glasig dünsten. Petersilienwurzel, Möhren und Sellerie dazugeben und weitere 5 Min. garen.

3. Dann die Kartoffeln dazugeben, alles vermischen, mit der Rinderbrühe aufgießen, aufkochen lassen und offen etwa 20 Min. bei mittlerer Temperatur köcheln lassen. 5 Min. vor Garende den Lauch dazugeben.

4. Die Petersilie waschen, trockenschütteln, die Blättchen abzupfen und grob schneiden.

5. Die Bouillonkartoffeln mit Salz, Pfeffer und Muskatnuss abschmecken und mit der Petersilie verfeinern.

Der heiße Tipp

Übrig bleibende Bouillonkartoffeln können Sie z. B. zu einer Kartoffelsuppe weiter verarbeiten. Dafür die Kartoffeln mit Brühe bedecken, aufkochen und mit einem Stabmixer pürieren; nach Geschmack mit Sahne oder etwas Crème fraîche verfeinern.

Ofenkartoffeln
mit Thymian

Für 4 Personen

1 kg mittelgroße fest kochende Kartoffeln
3 Knoblauchzehen | 2 Prisen grobes Meersalz
4 Zweige frischer Thymian
schwarzer Pfeffer aus der Mühle | 5 EL Olivenöl

1. Die Kartoffeln waschen, schälen, der Länge nach halbieren oder vierteln und in eine große Schüssel geben.

2. Den Backofen auf 180 °C Umluft (200 °C Elektrohitze) vorheizen. Die Knoblauchzehen mit dem Messerrücken andrücken.

3. Kartoffeln, Knoblauch, Meersalz, Thymian, etwas schwarzem Pfeffer und Olivenöl gut miteinander vermengen, auf einem Backblech verteilen und im vorgeheizten Backofen etwa 40 Min. goldbraun backen.

Die heißen Tipps

• Diese »allround«-Beilage passt zu Geflügel, Lamm, Steaks, Fisch oder Grillgerichten.

• Anstelle von Thymian aromatisiert auch frischer Rosmarin oder Salbei.

• Thymiankartoffeln zu gegrilltem Fisch können mit einigen zerstoßenen Fenchelsamen und Korianderkörnern verfeinert werden.

Paprikachips
selbst gemacht

Für 4 Personen

1 gestr. TL Salz | 1/2 TL Paprikapulver, edelsüß
1 Msp. Paprikapulver, rosenscharf
4 mittelgroße fest kochende Kartoffeln (etwa 400 g)
500 g Frittierfett

1. Das Salz mit den beiden Paprikasorten gut mischen. Die Kartoffeln gründlich waschen und schälen; mit einem Sparschäler Kartoffelstreifen abschälen und mit Küchenpapier trockentupfen.

2. Das Frittierfett in einem hohen Topf (20 cm Ø) oder Fritteuse erhitzen. Die Kartoffelstreifen nach und nach in das heiße Fett geben und etwa 5 Min. goldbraun frittieren. Mit einer Schaumkelle herausnehmen, auf Küchenpapier abtropfen lassen und mit dem Paprikasalz würzen.

Die heißen Tipps

• Die Kartoffelchips portionsweise frittieren. Gibt man zu viele Kartoffeln in das heiße Fett, schäumt es leicht über. Bei größeren Mengen im Backofen bei 130 °C (Umluft) warm halten.

• Während des Frittierens die Kartoffelstreifen mehrmals umrühren, damit sie nicht zusammenkleben.

• Die frittierten Kartoffelchips kann man z. B. zur Paprikasuppe *(siehe Seite 58)* *servieren.*

Sahnekartoffeln aus dem Ofen

Für 4 Personen

1 kg mittelgroße mehlig kochende Kartoffeln
3 EL Butter | 1 Zwiebel (100 g)
1 kleine Knoblauchzehe
100 g geriebener Käse, z. B. Emmentaler
400 g Sahne | Salz
schwarzer Pfeffer aus der Mühle
frisch geriebene Muskatnuss

1

2

1. Die Kartoffeln waschen, schälen und am besten mit einem Gemüsehobel in 2 mm dünne Scheiben hobeln. Eine ofenfeste, rechteckige Form (30 x 18 cm) mit 1 EL Butter ausstreichen; dann die Kartoffeln darin dachziegelartig verteilen.

2. Zwiebel und Knoblauch abziehen und fein würfeln.

3. 1 EL Butter in einer Pfanne erhitzen und die Zwiebeln und den Knoblauch darin in ca. 3 Min. glasig dünsten. Zwiebeln, Knoblauch und Käse auf den Kartoffeln verteilen.

4. Den Backofen auf 180 °C Umluft (200 °C Elektrohitze) vorheizen.

5. Die Sahne mit Salz, Pfeffer und Muskatnuss würzen und über die Kartoffelscheiben gießen, mit 1 EL Butterflocken belegen, mit Alufolie bedecken und etwa 1 Stunde im Backofen goldbraun backen.

6. Nach 45 Min. abdecken und fertig garen. Die Sahnekartoffeln aus dem Ofen nehmen, kurz ruhen lassen und am besten in der Form servieren.

Der heiße Tipp

Die vielseitigen Sahnekartoffeln passen z. B. zu gebratenen Steaks, Geflügel oder Lamm. Auch zu gebratenem Wild schmecken sie hervorragend. Vor allem bei Gerichten mit etwas weniger Sauce sind sie eine delikate Beilage.

Gebratene Kartoffelplätzchen mit Speck

Für 4 Personen

600 g mehlig kochende Kartoffeln | Salz
50 g geräucherter Bauchspeck ohne Schwarte
1 Zwiebel (100 g) | 4 Zweige glatte Petersilie
2 EL Butter | 2 Eigelbe (M)
1 EL Speisestärke
schwarzer Pfeffer aus der Mühle
frisch geriebene Muskatnuss
etwas Mehl für die Arbeitsfläche
3 EL Pflanzenöl

1. Kartoffeln waschen, schälen und in Salzwasser in etwa 20 Min. weich kochen. Abgießen und bei geringer Hitze etwa 5 Min. auf dem Herd ausdampfen lassen.

2. Den Speck fein würfeln. Die Zwiebel abziehen und klein würfeln. Petersilie waschen, trockenschütteln, die Blättchen abzupfen und grob schneiden.

3. Die Butter in einer Pfanne erhitzen und die Speckwürfel 2 Min. darin braten; die Zwiebeln dazugeben und weitere 3 Min. braten. Auf Küchenpapier entfetten und abkühlen lassen.

4. Die Kartoffeln mit der Kartoffelpresse in eine Schüssel drücken.

5. Die Kartoffelmasse mit der Zwiebel-Speck-Mischung, der Petersilie, den Eigelben und der Speisestärke verrühren und mit Salz, Pfeffer und Muskatnuss abschmecken.

6. Die Arbeitsfläche und Hände gut mit Mehl bestäuben, die Kartoffelmasse halbieren und zu 2 Rollen (etwa 4 cm dick) aufrollen. In 16 gleich große Stücke schneiden und noch etwas nachformen.

7. Das Pflanzenöl in einer großen Pfanne erhitzen, die Kartoffelplätzchen bei mittlerer Temperatur von beiden Seiten insgesamt etwa 10 Min. goldbraun braten, auf Küchenpapier abtropfen lassen und sofort servieren.

Die heißen Tipps

• Die Kartoffelplätzchen passen zu allen kurz gebratenen Fleisch- oder Schmorgerichten.
• Bei größeren Mengen die Kartoffelplätzchen im Backofen bei 90 °C warm halten.
• Die Plätzchen schmecken auch ohne Speck. Also auch für Vegetarier gut geeignet.

Kartoffelsalat
mit geschmolzenen Zwiebeln und frischer Petersilie

Für 4 Personen

1 kg Salatkartoffeln (z. B. Moossieglinde)
Salz | 1 TL Kümmel
1 große Zwiebel (140 g)
1 Bund glatte Petersilie
2 EL Butter
schwarzer Pfeffer aus der Mühle
200 ml heiße Rinderbrühe (siehe Seite 10)
4 EL Branntweinessig
2 Prisen Zucker
4 EL Pflanzenöl

1

2

1. Die Kartoffeln waschen, in reichlich Salz-Kümmel-Wasser in ca. 20 Min. weich kochen, abgießen, etwas auskühlen lassen, pellen und in 1/2 cm dicke Scheiben schneiden.

2. Die Zwiebeln abziehen, halbieren und fein würfeln. Die Petersilie waschen, trockenschütteln, Blättchen abzupfen und grob schneiden.

3. Die Butter in einer Pfanne erhitzen und die Zwiebeln darin etwa 5 Min. bei mittlerer Hitze glasig andünsten, dann gleich salzen und pfeffern.

4. Die Kartoffeln mit der heißen Rinderbrühe übergießen, Zwiebeln und Essig dazugeben, mit Salz, Pfeffer und Zucker würzen und erst jetzt das Pflanzenöl vorsichtig unterziehen. Die Petersilie untermischen.

Die heißen Tipps

• Die Kartoffeln nehmen je nach Sorte mehr oder weniger Flüssigkeit auf. Der Kartoffelsalat ist perfekt, wenn er schön saftig ist.

• Das Basisrezept kann auf verschiedene Arten verfeinert werden, z. B. mit fein gehobelten Salat- oder Essiggurkenscheiben, fein geschnittenem Endiviensalat, klein gezupftem Feldsalat oder klein geschnittenem Rucolasalat. Für eine etwas herbere Variante kann man klein geschnittenen Radicchio- oder Friseesalat unterheben.

Tomaten – die »Liebesäpfel« aus dem Süden

So wie die Kartoffel ist auch die Tomate mittlerweile eines der wichtigsten Produkte geworden. Die folgenden Rezepte sind Basisrezepte, die entweder weiter verarbeitet werden oder eine wichtige Zutat darstellen. Den »Klassiker« Tomatensauce finden Sie auf Seite 103.

Getrocknete Tomaten

Für 4 Personen

800 g Eiertomaten
1 Knoblauchzehe
2 Prisen Meersalz
schwarzer Pfeffer aus der Mühle
Puderzucker
4 EL Olivenöl
4 Zweige Thymian

1. Den Backofen auf 90 °C Umluft (110 °C Elektrohitze) vorheizen.

2. Die Tomaten entstrunken, kreuzförmig einschneiden, in kochendes Wasser geben, bis sich die Haut löst; eiskalt abschrecken, häuten, vierteln und entkernen. Die Tomatenstücke mit Küchenpapier trockentupfen.

3. Knoblauch abziehen und halbieren. Ein Backblech mit der Knoblauch-Schnittfläche ausreiben und mit Meersalz bestreuen. Den restlichen Knoblauch in Scheiben schneiden.

4. Die Tomaten auf dem Blech verteilen, mit Pfeffer und etwas Puderzucker würzen, mit Olivenöl beträufeln, Thymian und Knoblauch belegen und im Ofen etwa 1 1/2 Stunden trocknen.

5. Die Tomaten aus dem Ofen nehmen, Thymian und Knoblauch entfernen, die Tomaten vom Blech lösen und je nach Rezept weiter verarbeiten.

Die heißen Tipps

• Getrocknete Tomaten auf Vorrat zubereiten, da sie sich im Kühlschrank über mehrere Wochen halten: Dafür die getrockneten Tomaten in ein sauberes verschließbares Gefäß geben und mit Olivenöl bedecken. Mit den Resten lässt sich das Tomatenöl auf Seite 33 zubereiten.

• Frischen Thymian oder Rosmarin zu den Tomaten ins Gefäß geben. Die Aromen verleihen den Tomaten und dem Öl zusätzlichen Geschmack.

• Getrocknete Tomaten kann man z. B. für das Tomatenrisotto (siehe Seite 115) verwenden oder einfach in Spaghetti rühren und mit dem Tomatenöl beträufeln.

• Als Appetitanreger auf geröstetem Weißbrot machen sie sich hervorragend; wer möchte, belegt sie noch mit einigen Rucolablättern oder frischem Basilikum.

• Oder den »Klassiker« Tomaten-Mozzarella-Salat mit getrockneten Tomaten und frischem Basilikum zubereiten.

Tomaten
»concassée«

Pro Person 1/2 bis 1 Tomate (= 100 g)

1. Die Tomaten entstrunken, kreuzförmig einschneiden, in kochendes Wasser geben, bis sich die Haut löst, eiskalt abschrecken, häuten, vierteln und entkernen. Die Tomatenstücke mit einem Küchenpapier trockentupfen. Nach gewünschtem Rezept weiter verarbeiten.

KOCHSCHULEN-KNOW-HOW

Der Begriff »tomate concassée« kommt aus dem Französischen (*concasser* – zerkleinern) und wird in der Gastronomie verwendet.

Die heißen Tipps

• Aus den Tomatenresten kann man z. B. Tomatenöl zubereiten.

• Die Reste kann man ebenso beim Zubereiten von einer selbst gemachten Tomatensauce (siehe Seite 103) mitkochen. Auch bei Geflügel- oder Fischfonds kann man sie verwenden: Ihre Säure hat eine »klärende« Wirkung.

Tomatenöl

Für 4 Personen

Tomatenreste vom Rezept Seite 32
Meersalz
Puderzucker
8 EL Olivenöl
Cayennepfeffer

1. Die Tomatenreste (Kerne und Schale) mit 1 Prise Meersalz und etwas Puderzucker verrühren und bedeckt ca. 30 Min. ziehen lassen. Dann durch ein Sieb streichen (ergibt ca. 100 ml), mit dem Öl in ein hohes Gefäß geben und mit dem Stabmixer pürieren. Das Tomatenöl mit Meersalz und Cayennepfeffer abschmecken.

Die heißen Tipps

• Das Öl kurz vor dem Servieren noch einmal mit dem Stabmixer aufschlagen.

• Tomatenöl passt zu Salaten, Nudeln, Fleisch und Fisch und aromatisiert mit einer frischen, sommerlichen Note.

• Tomatenöl hält sich verschlossen im Kühlschrank über mehrere Tage.

Geschmolzene
Kirschtomaten

Für 4 Personen

500 g Kirschtomaten
1 kleine frische Chilischote
1 Zweig Rosmarin
1 Prise Meersalz, z. B. Fleur de Sel
grob gestoßener schwarzer Pfeffer
3 EL Olivenöl

1. Den Backofen auf 200 °C Umluft (220 °C Elektrohitze) vorheizen.

2. Die Kirschtomaten waschen, entstrunken und im Ganzen in eine ofenfeste Form geben. Die Chilischote leicht mit dem Messerrücken andrücken. Den Rosmarin waschen und in grobe Stücke zupfen.

3. Rosmarin, Chilischote, je 1 Prise Meersalz und Pfeffer über den Tomaten verteilen, mit Olivenöl beträufeln und für etwa 15 Min. in den Ofen geben. Die Tomaten sind fertig, wenn sie aufgeplatzt sind.

Der heiße Tipp

Die Kirschtomaten passen wunderbar zu sämtlichen mediterranen Gerichten. Die schnelle Beilage gelingt immer und schmeckt vor allem sehr gut. Wer möchte, kann sie vor dem Servieren noch mit einigen Tropfen altem Aceto balsamico beträufeln.

Teige – die vier wichtigsten

Selbst wenn man sich mehr dem Kochen als dem Backen verschrieben hat – Teige dürfen nicht fehlen. Und auch hier gilt: Selbst gemachte überzeugen einfach jeden Gaumen.

Hefeteig

Grundrezept für 4–6 Personen

500 g Mehl (Type 405)
80 g Zucker
200 ml Milch
1 Würfel frische Hefe (42 g)
100 g Butter
2 Eier (M)
2 Prisen Salz
Mehl für die Arbeitsfläche

1. Das Mehl in eine große Schüssel sieben, eine kleine Vertiefung hineindrücken, den Rand ringsherum mit Zucker bestreuen.

2. Die Milch lauwarm erhitzen, Hefe in einer Tasse zwischen den Fingerspitzen zerbröseln, mit 5 EL lauwarmer Milch und 1 EL Mehl (aus der Schüssel) glatt verrühren. Die Hefemilch in die Vertiefung gießen. Die Schüssel mit einem Küchentuch abdecken und an einem warmen Ort 20 Min. gehen lassen.

3. Die Butter klein würfeln und mit den Eiern in die restliche lauwarme Milch geben (nicht verrühren). Die Eiermilch mit 1 Prise Salz zum gegangenen Vorteig geben und am besten mit dem Knethaken der Küchenmaschine so lange zu einem glatten Teig schlagen, bis er Blasen wirft.

4. Hände und Arbeitsfläche kräftig mit Mehl bestäuben, den Teig aus der Schüssel heben und zu einer Kugel formen. Den Schüsselboden mit etwas Mehl bestäuben, Hefeteig darauf setzen, abdecken und nochmals 20 Min. gehen lassen.

5. Den Hefeteig auf der bemehlten Arbeitsfläche nochmals kneten und abgedeckt weitere 20 Min. gehen lassen. Je nach Rezept weiterverarbeiten, z. B. zu Dampfnudeln (siehe Seite 144).

1

2

KOCHSCHULEN-KNOW-HOW HEFETEIG

Die Zutaten sollten alle Zimmertemperatur haben, deshalb werden Butter und Eier zum Temperieren in die lauwarme Milch gegeben.

Pizza-Teig

Für 4 Pizzen mit dünnem Boden à 24 cm Ø

250 g Mehl (Type 405)
1/2 TL Zucker
1/2 TL Salz
10 g frische Hefe
130 ml lauwarmes Wasser
2 EL Olivenöl
Mehl für die Arbeitsfläche

Außerdem

Klarsichtfolie
Pizzastein
Nudelholz

1. Mehl, Zucker und Salz vermischen. Die Hefe zerbröseln und im Wasser auflösen.

2. Die Mehlmischung mit der angerührten Hefe und dem Öl am besten mit dem Knethaken der Küchenmaschine ca. 10 Min. zu einem glatten Teig kneten.

3. Den Teig locker in Klarsichtfolie wickeln und etwa 45 Min. ruhen lassen (siehe Kochschulen-Know-how).

4. Dann den Teig auf einer bemehlten Arbeitsfläche nochmals kneten, in 4 Teile schneiden und zu dünnen etwa 24 cm großen runden Teigfladen ausrollen. Je nach Rezept belegen und backen (siehe dazu das Rezept Basic-Pizza Seite 103.

KOCHSCHULEN-KNOW-HOW PIZZATEIG

• Absolutes Muss, damit er gelingt: Den Teig etwa 10 Min. in der Küchenmaschine schlagen, in Folie wickeln und ca. 20 Min. ruhen lassen. Dann wird er nochmals geknetet, eingewickelt und muss weitere 25 Min. ruhen.
• Man kann die Teigfladen natürlich auch kleiner ausrollen und als Mini-Pizza z. B. für den Kindergeburtstag oder als Appetizer zum Partybeginn reichen. Sie schmecken auch zum Knabbern zwischendurch.

Biskuitteig

Für 18–20 Kekse

2 Eier (M)
4 EL Zucker (80 g)
1 Prise Salz
3 EL Mehl (60 g; Type 405)
1 geh. TL Speisestärke
1 TL Rum
1 Msp. abgeriebene Zitronenschale
Mark von 1/2 Vanilleschote

Außerdem

Backpapier
Spritzbeutel

1. Den Backofen auf 180 °C Umluft (200 °C Elektrohitze) vorheizen. Ein Backblech mit Backpapier auslegen.

2. Die Eier trennen. Eigelbe mit 2 EL Zucker etwa 10 Min. weißschaumig aufschlagen. Eiweiße mit 1 Prise Salz steif schlagen, dabei den restlichen Zucker nach und nach einrieseln lassen. Mehl mit Stärke durchsieben.

3. Das steif geschlagene Eiweiß vorsichtig unter die schaumige Eigelbmasse heben, Rum, Zitronenschale und Vanillemark dazugeben. Dann das Mehl vorsichtig einrühren. Die Teigmischung in einen Spritzbeutel mit großer Lochtülle füllen.

4. Etwa 20 kleine Tupfen (etwa 6 cm Ø) Teigmasse aufspritzen, dabei zwischen den Kreisen etwas Abstand lassen. In ca. 8 Min. goldbraun backen, aus dem Ofen nehmen, auskühlen lassen und vom Backpapier lösen. Je nach Rezept gleich weiterverarbeiten, z. B. zu Mascarponecreme Seite 82, oder in einer verschließbaren Dose aufbewahren.

1

2

KOCHSCHULEN-KNOW-HOW BISKUITTEIG

• Eiweiß lässt sich nur dann steif aufschlagen, wenn Schüssel und Rührbesen sehr sauber bzw. fettfrei sind.
• Die ausgekratzten Vanilleschoten in einem Glas aufbewahren. Man kann sie z. B. für Milchreis, Panna cotta oder Crème brûlée mit auskochen, da in den Schoten noch sehr viel Aroma und Geschmack steckt.
• Oder Sie machen Ihren eigenen Vanillezucker. Dann einfach die Vanilleschoten in ein Glas mit Zucker stecken. Immer wieder mal durchschütteln, damit sich die Kristalle lösen.

Brandteig

Für 12 kleine Windbeutel

70 g Mehl (Type 405)
120 ml Milch
30 g Butter
Salz | 2 Eier (M)

Außerdem

Spritzbeutel mit großer Sterntülle
Backpapier

1. Den Backofen auf 180 °C Umluft (200 ° Elektrohitze) vorheizen. Ein Backblech mit Backpapier auslegen.

2. Das Mehl sieben. Milch, Butter und 1 Msp. Salz in einem Topf (24 cm Ø) aufkochen lassen. Das Mehl mit dem Kochlöffel vorsichtig einrühren. So lange rühren, bis sich der Teig vom Topfrand löst, einen Kloß bildet und am Topfboden eine weiße Schicht entsteht.

3. Dann den Teig in einer Rührschüssel etwas abkühlen lassen und nach und nach die Eier mit Hilfe eines Handrührgerätes einrühren. Der Teig ist fertig, wenn er seidig glänzt, geschmeidig und leicht aufzuspritzen ist. Den Teig in einen Spritzbeutel mit großer Sterntülle füllen.

4. 12 gleich große Windbeutel kreisförmig auf das Backblech aufspritzen und ca. 15 Min. goldbraun backen. Aus dem Ofen nehmen, abkühlen lassen und je nach Rezept füllen, z. B. mit Tunfisch Seite 112.

Die heißen Tipps

• Eine kleine ofenfeste Schüssel mit Wasser mit in den Backofen stellen. Dank des dabei entstehenden Wasserdampfs gehen Windbeutel gut auf.

• Traditionell werden Windbeutel mit geschlagener Sahne und abgezogenen Kirschen serviert. Doch auch eine pikante Variante, z. B. mit einer Tunfischcreme (siehe Seite 112), ist köstlich.

Pfannkuchenteig

Für 2 große (28 cm Ø) oder 8 kleine (20 cm Ø) Pfannkuchen

3 EL Mehl (60 g Type 405)

100 ml Milch

2 Eier (M)

Salz

2 EL Pflanzenöl zum Braten

1. Das Mehl in eine Schüssel geben und unter Rühren die Milch nach und nach dazugießen. Dann die Eier unterrühren, bis ein glatter, flüssiger Teig entsteht. Leicht salzen und 10 Min. quellen lassen.

2. Etwas Öl in einer großen Pfanne (28 cm Ø) erhitzen, die Hälfte des Teiges einlaufen lassen und von beiden Seiten insgesamt 2 Min. goldbraun braten; herausheben und auf Küchenpapier abtropfen lassen.

3. Den zweiten Pfannkuchen ebenfalls braten. Je nach Rezept weiterverarbeiten, z. B. zu Heidelbeerpfannkuchen, siehe Seite 85, oder Brätstrudel, siehe Seite 95.

1

2

Die heißen Tipps

• Je nach Geschmack kann man den Pfannkuchenteig z. B. als Suppeneinlage mit frisch gehackter Petersilie und Liebstöckel verfeinern. Die Kräuterpfannkuchen backen, auskühlen lassen, in feine Streifen schneiden und mit heißer Tafelspitzbrühe servieren. Die Pfannkuchenstreifen vor dem Servieren im Ofen bei 90 °C warm stellen.

• Die Pfannkuchen kann man natürlich auch süß servieren. Kinder z. B. lieben sie nur mit Zucker oder Zimt-Zucker bestreut. Außerdem kann man sie mit Nussnougatcreme oder Marmelade bestreichen.

Strudelteig

Für 6 Portionsstrudel oder 2 große Strudel

150 g Mehl (Type 405)
1 TL Zucker
1 Prise Salz
1 Ei (M)
2 EL lauwarmes Wasser
2 EL Pflanzenöl
Mehl für die Arbeitsfläche

Außerdem

Klarsichtfolie
Nudelholz

1

2

1. Mehl, Zucker und Salz miteinander vermischen und in eine Schüssel oder in die Küchenmaschine geben.

2. Ei, Wasser und Öl verrühren, langsam zum Mehl dazugießen und mit den Knethaken etwa 15 Min. zu einem glatten Teig verkneten.

3. Den Teig in Klarsichtfolie wickeln und am besten über Nacht im Kühlschrank ruhen lassen. Auf bemehlter Arbeitsfläche dünn ausrollen und je nach Belieben füllen, z. B. mit Birnen und Äpfeln, siehe Seite 88.

Die heißen Tipps

• Man kann den Strudelteig süß und herzhaft füllen. Bei herzhaften Füllungen einfach den Zucker weg lassen.

• Der Strudelteig wird noch dünner, wenn man ihn vorsichtig am besten zu zweit in kreisförmiger Bewegung über den Handrücken zieht. Der Strudelteig ist perfekt, wenn man durch den Teig Zeitung lesen könnte.

2 Schnelles & Einfaches für jeden Tag

Lauwarmer Spargelsalat
mit Sherryessig und Radieschen

Für 4 Personen
Zubereitung: ca. 20 Min.
Pro Portion: ca. 250 kcal

1 kg weißer Spargel
(1er- oder 2er-Qualität)
1 1/2 EL Salz
3 EL Zucker
1 TL Gemüsebrühe (Instant)
2 EL Butter
1 kleines Stück Bio-Orangenschale

Für die Marinade

1 Schalotte (40 g)
1/2 Bund Schnittlauch
1/2 Bund glatte Petersilie
1 kleiner Zweig Estragon
4 EL Sherryessig
100 ml Spargelfond
2 1/2 TL Zucker | Salz
schwarzer Pfeffer aus der Mühle
4 EL Olivenöl
4 EL Traubenkernöl
4 Radieschen

1. Den Spargel von oben nach unten schälen und die holzigen Enden abschneiden. Reichlich Wasser (etwa 3 l) in einem Topf (28 cm Ø) aufkochen, mit Salz, Zucker, Gemüsebrühe und Butter würzen. Spargel und Orangenschale einlegen, je nach Dicke der Stangen etwa 12–13 Min. garen. Dann den Spargel herausheben und auf eine Platte legen, den Spargelfond beiseite stellen.

2. Inzwischen die Schalotte abziehen und fein würfeln. Die Kräuter waschen und trockenschütteln; den Schnittlauch in feine Röllchen schneiden, von Petersilie und Estragon die Blättchen abzupfen und fein schneiden.

3. Sherryessig mit 100 ml Spargelfond und Zucker verrühren und mit Salz und Pfeffer abschmecken. Kräuter, Schalotten, Oliven- und Traubenkernöl unter die Essigmischung rühren, nochmals abschmecken.

4. Den Spargel mit der Marinade übergießen.

5. Kurz vor dem Servieren die Radieschen waschen, am besten mit dem Gemüsehobel in hauchdünne Scheiben schneiden und auf den marinierten Spargelstangen verteilen.

KOCHSCHULEN-KNOW-HOW FRISCHER SPARGEL

- Drückt man die Enden zusammen, spritzt Flüssigkeit heraus.
- Frische Spargelstangen quietschen beim Aneinanderreiben.
- Er ist fest und hat keine braunen »Altersflecken«.
- Damit er auch für die spätere Verarbeitung frisch bleibt, den Spargel in einem feuchten Tuch im Gemüsefach des Kühlschranks maximal 3 Tage aufbewahren.
- Klassische Spargelzeit geht von Mitte April bis Juni.
- Weißer Spargel wächst unter, grüner über der Erde.
- 1er und 2er-Qualität beschreibt die Dicke von gerade gewachsenen Spargelstangen.

Der heiße Tipp

Die Spargelstangen sind fertig, wenn sie seidig glänzen und sich an den unteren Enden leicht zusammendrücken lassen.

Zucchinipäckchen
mit Schafkäse, roten Linsen und Minzejoghurt

Für 4 Personen
Zubereitung: ca. 40 Min.
Pro Portion: ca. 365 kcal

200 g Schafkäse (z. B. Feta)
2 Zweige frischer Thymian
2 große Zucchini (à 250 g)
Salz | 2 EL mittelscharfer Senf
schwarzer Pfeffer aus der Mühle
3 EL Olivenöl

Für die Linsen

1 kleine Zwiebel (80 g)
2 EL Olivenöl | 2 Prisen Zucker
3 EL Branntweinessig | 120 g rote Linsen
400 ml Gemüsebrühe
3 Stangen Frühlingszwiebeln (60 g)
Salz | schwarzer Pfeffer aus der Mühle
Cayennepfeffer

Für den Minzejoghurt

150 g Naturjoghurt | 2 Zweige frische Minze

1. Den Schafkäse in 12 gleich große Quadrate schneiden. Den Thymian waschen, trockenschütteln und die Blättchen abzupfen. Die Zucchini waschen, putzen und aus jedem Zucchino der Länge nach 6 schöne Scheiben à ca. 3 mm Dicke schneiden; Randstücke anderweitig verwenden, siehe Tipp.

2. Die Zucchinischeiben für 2 Min. in kochendes Salzwasser geben, herausnehmen, eiskalt abschrecken, auf Küchenpapier auslegen und trockentupfen. Jede Zucchinischeibe mit Salz und Pfeffer würzen, mit wenig Senf bestreichen und einigen Thymianblättchen bestreuen. Dann mit Schafkäse belegen, zu einem Päckchen aufrollen und mit Salz und Pfeffer würzen (siehe Step 1).

3. Für die Linsen die Zwiebel abziehen und fein würfeln. Das Olivenöl in einem Topf (24 cm Ø) erhitzen und die Zwiebel darin in ca. 3 Min. glasig dünsten. Mit 2 Prisen Zucker bestreuen, mit Essig ablöschen und etwas einkochen lassen.

4. Die Linsen dazugeben, etwas Gemüsebrühe aufgießen und bei geringer Hitze etwa 30 Min. offen köcheln lassen. Dabei nach und nach so viel Gemüsebrühe dazugeben, dass die Linsen immer knapp mit Flüssigkeit bedeckt sind.

5. Die Frühlingszwiebeln putzen, waschen, schräg in feine Ringe schneiden und unter die Linsen rühren. Mit Salz, Pfeffer und Cayennepfeffer abschmecken.

6. Die Minze waschen, trockenschütteln, die Blätter abzupfen und in feine Streifen schneiden. Im Joghurt verrühren und mit Salz, Pfeffer und 2 Prisen Zucker abschmecken und zur Seite stellen.

7. 3 EL Olivenöl in einer großen Pfanne erhitzen, die Zucchini einlegen und von beiden Seiten insgesamt etwa 3 Min. goldbraun braten. Aus der Pfanne heben und auf Küchenpapier abtropfen lassen. Die Zucchinipäckchen mit den Linsen und dem Minzejoghurt anrichten und servieren.

Der heiße Tipp

Die übrig gebliebenen Zucchiniabschnitte mit Zwiebeln und etwas Knoblauch in Olivenöl anschwitzen, mit Gemüsebrühe aufgießen, weich kochen, pürieren, abschmecken und mit Sahne verfeinern. Im Nu ist eine köstliche Zucchini-Cremesuppe fertig!

KOCHSCHULEN-KNOW-HOW LINSEN

Der Essig verlängert die Garzeit ein wenig, erhält aber die rote Farbe der Linsen, und sie bleiben bissfest.

Hier ist die Breite der Zucchinistreifen wichtig (1).
Die Päckchen auf der »Nahtseite« zuerst anbraten (2).

Kleine Curry-Putenschnitzel
mit Kohlrabi, Melone und Buttermilch

Für 4 Personen
Zubereitung: ca. 15 Min.
Pro Portion: ca. 320 kcal

400 g Putenschnitzel
Salz | schwarzer Pfeffer aus der Mühle
2 Möhren (200 g)
1 Kohlrabi (400 g)
1/2 Galia-Melone (450 g)
200 g junger Spinat
3 EL Pflanzenöl
1 Prise Currypulver

Für das Dressing

200 ml Buttermilch
2 EL Weißweinessig
1 TL Zucker
4 EL Traubenkernöl
Salz | schwarzer Pfeffer aus der Mühle
Cayennepfeffer

1. Das Putenfleisch waschen, trockentupfen und in 12 dünne Scheibchen schneiden; von beiden Seiten mit Salz und Pfeffer würzen.

2. Möhren und Kohlrabi putzen, schälen und in etwa 2 mm dünne Streifen schneiden. Die Melone dritteln, von Kernen und Schale befreien und in dünne Spalten schneiden. Den Spinat putzen und eventuelle harte Stiele entfernen. Die Blätter gründlich waschen und gut abtropfen lassen.

3. Für das Dressing die Buttermilch mit Weißweinessig, Zucker und Öl verrühren und mit Salz, Pfeffer und Cayennepfeffer abschmecken.

4. Das Öl in einer großen Pfanne erhitzen. Die Putenschnitzelchen darin von beiden Seiten insgesamt etwa 3 Min. goldbraun braten, leicht mit Curry würzen, aus der Pfanne nehmen und kurz auf Küchenpapier abtropfen lassen.

5. Für den Salat Spinat und Gemüsestreifen mit dem Dressing vermengen und nochmals abschmecken. Den Salat mit Melone und Putenschnitzeln anrichten und servieren.

Der heiße Tipp

Der Salat schmeckt auch wunderbar mit gebratenen Garnelen.

KOCHSCHULEN-KNOW-HOW SPINAT

Den Spinat am besten in einer Salatschleuder trocknen. Oder Sie wickeln ihn in ein Küchentuch, halten dieses an den Enden fest und drehen es mehrmals in der Luft.

Roh marinierter Lachs
mit grüner Meerrettichsauce und Frühlingszwiebeln

Für 4 Personen
Zubereitung: ca. 15 Min.
Pro Portion: ca. 195 kcal

250 g frischer Lachs (»Sushi-Qualität«)
4 EL Crème fraîche
1 EL Milch
1/2 TL Wasabipaste (Asiamarkt) | Salz
2 dünne Stangen Frühlingszwiebeln (20 g)
4 Prisen Meersalz, z. B. Fleur de Sel

1. Den Lachs in sehr dünne Scheiben schneiden und auf einer Platte oder auf vier Tellern verteilen.

2. Die Crème fraîche mit Milch und der Wasabipaste glatt verrühren und mit Salz würzig abschmecken.

3. Die Frühlingszwiebeln waschen, putzen und die Stangen schräg in feine Ringe aufschneiden.

4. Den Lachs mit Fleur de Sel (pro Portion etwa 1 Prise) bestreuen, die Frühlingszwiebeln darauf verteilen und mit der grünen Meerrettichsauce beträufeln. Dazu frisches Baguette servieren.

KOCHSCHULEN-KNOW-HOW PRODUKTE

• »Fisch in Sushi-Qualität« steht für die beste Qualität: Der Fisch ist frisch, und Sie erhalten das beste Stück aus dem Mittelstück.
• Fleur de Sel ist das höchstwertige Meersalz. Man reibt es zwischen den Fingern und streut es über die Zutaten. Im Geschmack ist es milder als andere Salzarten.

Die heißen Tipps

• Für eine edlere Variante dieses Carpaccios verwenden Sie anstelle von Lachs Tunfisch oder Jakobsmuscheln.
• Die Meerrettichsauce passt auch zu einem Rindercarpaccio oder kross gebratenen Riesengarnelen.

VERSCHIEDENE SALZSORTEN

Blütensalz

Fleur de Guérande

Fleur de Sel

Rindercarpaccio
mit weißen Bohnen und Pesto

Für 4 Personen
Zubereitung: ca. 15 Min.
Pro Portion: ca. 200 kcal

4 TL Pesto (siehe Seite 20)
100 g weiße Bohnen aus der Dose
2 EL Sherryessig
50 ml Rinderbrühe
4 EL Olivenöl
Meersalz, z. B. Fleur de Sel
schwarzer Pfeffer aus der Mühle
2 Prisen Zucker
250 g Rinderfilet
grob gestoßener schwarzer Pfeffer
80 g gemischte Blattsalate
(z. B. Lollo bianco, Radicchio, Rucola)

Außerdem
Gefrierbeutel
Fleischklopfer

1. Das Pesto zubereiten.

2. Die Bohnen in einem Sieb kalt abbrausen und abtropfen lassen. Dann in ein hohes Gefäß geben und mit Sherryessig, Brühe und Olivenöl mit dem Stabmixer sämig pürieren und mit 1 Prise Meersalz, Pfeffer und 2 Prisen Zucker abschmecken.

3. Die Seiten eines Gefrierbeutels aufschneiden. Das Rinderfilet in dünne Scheiben schneiden. 1 Scheibe Fleisch zwischen die Beutelhälften legen und vorsichtig flach klopfen. Ebenso mit den übrigen Scheiben verfahren.

4. Je 1 TL Pesto auf vier flachen Tellern ausstreichen. Die Filetscheiben darauf auslegen und darauf das Bohnenpüree verteilen; mit Meersalz und grob gestoßenem schwarzen Pfeffer bestreuen.

5. Das Rindercarpaccio mit angemachten Blattsalaten (siehe Tipp) dekorieren und mit frischem Weißbrot servieren.

Der heiße Tipp

Blattsalate mit einigen Spritzern Aceto balsamico, Olivenöl, Meersalz und Pfeffer anmachen; auch ein Sherrydressing oder Aceto-balsamico-Dressing (siehe Seite 22) passt hervorragend dazu, allerdings nur die halbe Menge.

KOCHSCHULEN-KNOW-HOW CARPACCIO SCHNEIDEN

Wer Carpaccio hauchdünn schneiden will, sollte das Filet in Klarsichtfolie wickeln und einfrieren. So lässt es sich mit der Aufschnittmaschine in ganz feine Scheiben schneiden.

Gebratener Kürbis
mit San-Daniele-Schinken und Blattsalaten

Für 4 Personen
Zubereitung: ca. 20 Min.
Pro Portion: ca. 325 kcal

Für das Dressing

3 EL Apfelessig
4 EL kohlensäurehaltiges Mineralwasser
2 TL brauner Zucker | Salz
schwarzer Pfeffer aus der Mühle
4 EL Pflanzenöl

Für den Kürbis

400 g Muskatkürbis (geschält etwa 200 g)
1 EL Pflanzenöl
1 EL Butter | Salz
schwarzer Pfeffer aus der Mühle
120 g gemischte Blattsalate (z. B. Rucola, Lollo bianco, Kopfsalat, Romanasalat)
160 g San-Daniele-Schinken, hauchfein geschnitten (oder Parma-Schinken oder Südtiroler Speck)
8 TL Kürbiskernöl

1. Für das Dressing Apfelessig, Mineralwasser und Zucker verrühren, mit Salz und Pfeffer abschmecken, kurz stehen lassen und dann das Pflanzenöl einrühren.

2. Den Kürbis schälen, quer halbieren, entkernen und in etwa 2 mm dicke Scheiben schneiden oder hobeln.

3. Pflanzenöl und Butter in einer großen Pfanne erhitzen und die Kürbisscheiben darin von beiden Seiten in insgesamt etwa 2 Min. braten; mit Salz und Pfeffer würzen. Aus der Pfanne nehmen und auf Küchenpapier abtropfen lassen.

4. Die Blattsalate gründlich waschen, trockenschleudern, mit dem Dressing anmachen und nochmals abschmecken.

5. Den gebratenen Kürbis mit Schinken und Blattsalaten auf Tellern anrichten und mit je 2 TL Kürbiskernöl beträufeln.

Der heiße Tipp

Wer mag, röstet Kürbiskerne ohne Fett an: Sobald ein angenehmer nussiger Duft aufsteigt, sind sie fertig.

KOCHSCHULEN-KNOW-HOW PRODUKTE

- In Spitzenrestaurants schätzt man die Vielseitigkeit der verschiedenen Kürbisarten, die nicht nur hervorragend schmecken, sondern auch sehr gesund sind. Die Inhaltsstoffe stärken das Immunsystem und regen den Stoffwechsel an.
- San-Daniele-Schinken ist eine hochwertige Schinkensorte, die aus dem Friaul in Italien stammt.

VERSCHIEDENE, GUT KOMBINIERBARE BLATTSALATE

Novita

Radicchio

Rucola

Romana

Gebratene Garnelen

mit Chilimayonnaise und Gurkennudeln

Für 4 Personen
Zubereitung: ca. 20 Min.
Pro Portion: ca. 390 kcal

1 Rezeptmenge Chilimayonnaise (siehe Seite 21)
16 Garnelen ohne Kopf (400 g)
Salz | schwarzer Pfeffer aus der Mühle
2 Salatgurken
2 Zweige Basilikum
1 Knoblauchzehe
6 EL Olivenöl
2 EL Weißweinessig
1 Prise Zucker

1. Die Chilimayonnaise zubereiten.

2. Die Garnelen so aus der Schale lösen, dass das Schwanzende in der Schale bleibt. Die Garnelen am Rücken entlang einschneiden und den schwarzen Darmfaden entfernen. Die Garnelen abbrausen, mit Küchenpapier trockentupfen und mit Salz und Pfeffer würzen.

3. Die Salatgurke waschen und schälen. Mit dem Sparschäler dünne Streifen (»Nudeln«) von der Gurke abschälen, bis die Kernstränge zu sehen sind. Die Gurkenstreifen in eine Schüssel geben.

4. Das Basilikum waschen, trockenschütteln und die Blättchen in grobe Stücke zupfen. Die Knoblauchzehe in der Schale am besten mit der Handinnenseite oder einem Messerrücken andrücken.

5. 3 EL Olivenöl in einer großen Pfanne erhitzen und Knoblauch und Garnelen darin von allen Seiten insgesamt etwa 2 Min. braten. Die Pfanne vom Herd nehmen und die Garnelen darin ziehen lassen.

6. Die Gurkenstreifen mit Salz, Pfeffer, Weißweinessig, 1 Prise Zucker und dem restlichen Olivenöl anmachen. Zum Schluss das Basilikum unterheben und mit den Garnelen und der Chilimayonnaise anrichten.

KOCHSCHULEN-KNOW-HOW KNOBLAUCH

- Tiefgefrorene Garnelen am besten über Nacht langsam im Kühlschrank auftauen lassen. Dann mit kaltem Wasser abbrausen und weiterverarbeiten.
- Noch saftiger werden die Garnelen, wenn man sie samt der Schale halbiert und den Darmfaden entfernt. Die Schale bietet Schutz und gibt zusätzlichen Geschmack ab.
- Erst beim Garen färben sich die sonst grauen Garnelen rosa bis orange.

Kartoffelsuppe
mit Krabben und frischem Majoran

Für 4 Personen
Zubereitung: ca. 35 Min.
Pro Portion: ca. 230 kcal

1 Zwiebel (100 g)
1 Möhre (100 g)
1 Petersilienwurzel (100 g)
1 Stück Knollensellerie (100 g)
400 g fest kochende Kartoffeln
2 EL Butter
1,2 l Geflügelbrühe
1 Stück Weißes vom Lauch (50 g)
2 Zweige Majoran
4 Zweige glatte Petersilie
Salz | schwarzer Pfeffer aus der Mühle
frisch geriebene Muskatnuss
Cayennepfeffer
4 EL Crème fraîche
100 g Nordseekrabben

1. Die Zwiebel abziehen und fein würfeln. Möhre, Petersilienwurzel, Sellerie und Kartoffeln gründlich waschen, schälen und in kleine Würfel schneiden.

2. Die Butter in einem Topf (24 cm Ø) erhitzen und die Zwiebeln darin 3 Min. glasig andünsten. Gemüse- und Kartoffelwürfel dazugeben und weitere 3 Min. garen. Dann die Geflügelbrühe dazugießen, aufkochen und 20 Min. bei mittlerer Hitze köcheln lassen.

3. Den Lauch putzen, gründlich zwischen den Schichten waschen und klein würfeln. Nach etwa 10 Min. zur Suppe geben.

4. Die Kräuter waschen, trockenschütteln, die Blättchen abzupfen und mit einem scharfen Messer grob schneiden.

5. Die Kartoffelsuppe mit dem Stabmixer pürieren, mit Salz, Pfeffer, Muskatnuss und Cayennepfeffer abschmecken und mit den Kräutern verfeinern.

6. Die Suppe in vorgewärmten tiefen Tellern anrichten, mit 1 EL Crème fraîche dekorieren und den Nordseekrabben garniert servieren.

Der heiße Tipp

Die Suppe zusätzlich mit einigen Tropfen alten Aceto balsamico beträufeln: Die angenehm milde Säure erzeugt am Gaumen mit der Kombination Kartoffeln und Krabben eine gewisse Frische.

Rote Paprikasuppe mit Thymian

Für 4 Personen
Zubereitung: ca. 40 Min.
Pro Portion: ca. 280 kcal

3 rote Paprikaschoten (750 g)
1 Zwiebel (100 g)
1 Knoblauchzehe
2 EL Olivenöl
1 l Gemüsebrühe
2 Zweige Thymian
200 g Sahne | Salz
schwarzer Pfeffer aus der Mühle
Cayennepfeffer

1. Die Paprikaschoten waschen, halbieren, Kerne und Trennwände entfernen. Die Hälften nochmals halbieren. Eines der Viertel für die Dekoration in feine Streifen, die anderen in etwa 2 cm große Stücke schneiden.

2. Zwiebel und Knoblauch abziehen und fein würfeln.

3. Das Olivenöl in einem Topf (24 cm Ø) erhitzen und Zwiebeln und Knoblauch darin ca. 3 Min. dünsten; dann die Paprikastücke dazugeben und weitere 2 Min. garen. Mit der Gemüsebrühe ablöschen, alles aufkochen und bei geringer Hitze etwa 25 Min. köcheln lassen.

4. Den Thymian waschen, trockenschütteln, die Blättchen abzupfen und grob schneiden. Thymian und Sahne nach 20 Min. zur Suppe hinzugeben und diese weitere 5 Min. garen.

5. Die Suppe mit dem Stabmixer fein pürieren, mit Salz, Pfeffer und Cayennepfeffer abschmecken, in vorgewärmten tiefen Tellern anrichten und mit den Paprikastreifen und gerösteten Ciabatta-Scheiben (siehe Steps) servieren.
Je nach Geschmack noch mit frischem hochwertigem Olivenöl beträufeln.

Der heiße Tipp

Auch selbstgemachte Paprikachips (siehe Seite 28) passen hervorragend zur Suppe. Dann sollten Sie jedoch auf geröstete Ciabatta-Scheiben verzichten.

8 dünne Scheiben Ciabatta mit 2 EL Olivenöl, 2 Zweigen Thymian und angedrückter Knoblauchzehe von beiden Seiten insgesamt in etwa 2 Min. goldbraun braten. Auf Küchenpapier abtropfen lassen.

Süßwasserfischeintopf
mit Staudensellerie

Für 4 Personen
Zubereitung: ca. 30 Min.
Pro Portion: ca. 190 kcal

500 g gemischte Fischfilets ohne Haut (z. B. Zander, Waller, Lachsforelle)
2 Schalotten (40 g)
1 Knoblauchzehe
1/2 Knolle Fenchel (150 g)
2 Stangen Staudensellerie (120 g)
3 EL Olivenöl
6–8 Safranfäden
1 l Fischbrühe (siehe Seite 14)
1 Stück Lauch (40 g)
100 g Kirschtomaten
1 kleiner Zweig Estragon | Salz
schwarzer Pfeffer aus der Mühle
Cayennepfeffer

Außerdem

mit Kräuterbutter überbackenes Baguette (Kräuterbutter, siehe Seite 24)

1. Die Fischfilets kalt abbrausen, trockentupfen, eventuelle Gräten entfernen (siehe Step-Bild 3). Die Fische in etwa 30 g kleine Stücke schneiden.

2. Schalotten und Knoblauch abziehen. Die Schalotten in dünne Streifen, den Knoblauch in dünne Scheiben schneiden.

3. Den Fenchel und den Staudensellerie waschen und putzen. Den Fenchel vom Strunk befreien. Fenchelgrün und Sellerieblätter zur Seite stellen. Den Fenchel in dünne Streifen, den Sellerie schräg in dünne Scheiben schneiden.

4. Das Olivenöl in einem Topf (24 cm Ø) erhitzen und darin Schalotten und Knoblauch in etwa 3 Min. glasig dünsten; Fenchel, Staudensellerie und Safran dazugeben und weitere 3 Min. garen. Die Fischbrühe dazugießen und etwa 10 Min. bei mittlerer Hitze köcheln lassen.

5. Inzwischen den Lauch und die Tomaten putzen und waschen. Den Lauch in dünne Streifen schneiden, die Tomaten halbieren und den Stielansatz entfernen. Den Estragon waschen.

6. Die Fischstücke leicht salzen und zusammen mit Estragon, Lauch und Tomaten zur Suppe geben. 5 Min. bei geringer Hitze ziehen lassen und mit Salz, Pfeffer und Cayennepfeffer abschmecken. Den Estragonzweig herausnehmen.

7. Sellerieblätter und Fenchelgrün fein schneiden und in die Suppe einrühren. Die Suppe in vorgewärmten tiefen Tellern anrichten und servieren.

FISCH PUTZEN

1

2

3

Fischfilets halten sich auf Eis frisch (1). Zur Vorbereitung den Bauchlappen entfernen (2) und weitere kleine Gräten mit einer Pinzette herausziehen (3).

Penne mit Brennnessel-Spinat,
Parmesan und pochiertem Ei

Für 4 Personen
Zubereitung: ca. 20 Min.
Pro Portion: ca. 780 kcal

400 g Penne | Salz
300 g Wurzelspinat (oder Blattspinat)
100 g Brennnesseln
1 Zwiebel (100 g)
1 Knoblauchzehe | 2 EL Butter
200 ml Gemüsebrühe
300 g Sahne | 1 Msp. Currypulver
schwarzer Pfeffer aus der Mühle
frisch geriebene Muskatnuss
8–10 EL Branntweinessig
4 frische Eier (M)
4 Prisen Meersalz, z. B. Fleur de Sel
hochwertiges Olivenöl zum Beträufeln
4 EL geriebener Parmesan

1. Die Penne in reichlich Salzwasser nach Packungsanleitung kochen, abgießen und abtropfen lassen (nicht abschrecken!).

2. Spinat und Brennnessel entstielen, gründlich waschen, für ca. 3 Min. in kochendes Salzwasser geben, herausheben, eiskalt abschrecken, abtropfen lassen, kräftig ausdrücken und grob schneiden.

3. Zwiebel und Knoblauch abziehen und fein würfeln.

4. Die Butter in einem Topf (24 cm Ø) aufschäumen lassen und die Zwiebeln und den Knoblauch darin ca. 3 Min. glasig andünsten. Brühe und Sahne aufgießen und 5 Min. bei mittlerer Hitze kochen. Spinat und Brennnesseln dazugeben, nochmals aufkochen und bei geringer Hitze ca. 5 Min. ziehen lassen. Mit Currypulver, Salz, Pfeffer und Muskatnuss würzen.

5. Etwa 2 l Wasser in einem Topf (24 cm Ø) aufkochen und den Essig dazugeben. Jedes Ei einzeln in eine Tasse aufschlagen. Das kochende Wasser mit einem Schneebesen aufwirbeln. Die rohen Eier nacheinander langsam in das Wasser gleiten und etwa 3 Min. bei geringer Hitze ziehen lassen. Mit der Schaumkelle herausheben und auf Küchenpapier abtropfen lassen.

6. Die Nudeln mit dem Brennnesselspinat mischen, nochmals abschmecken, in vorgewärmten tiefen Tellern anrichten und jeweils 1 pochiertes Ei darauf setzen. Mit etwas Meersalz bestreuen, mit Olivenöl beträufeln und Parmesan darüber geben und servieren.

Zum Pochieren unbedingt ganz frische Eier verwenden. Nur dann kann sich das Eiweiß um das Eigelb ziehen und stocken. Das Ei ist perfekt, wenn beim Anstechen flüssiges Eigelb herausrinnt. Das aufgeschlagene Ei vorsichtig in das kochende Essigwasser gleiten lassen (1). Das Ei bei geringer Hitze ca. 3 Min. ziehen lassen (2); dann vorsichtig mit einer Schaumkelle herausheben (3).

Nudelfleckerl-Auflauf

mit Weißkraut und gekochtem Schinken

Für 4 Personen
Zubereitung: ca. 20 Min.
Backofenzeit: 45 Min.
Pro Portion: ca. 865 kcal

250 g Nudelfleckerl (oder Farfalle oder andere breite Nudeln, in etwa 3 cm lange Stücke gebrochen)
Salz | 800 g junger Weißkohl
1 Zwiebel (100 g)
2 EL Butter | 2 TL Zucker
4 EL Branntweinessig
150 g gekochter Schinken in Scheiben, z. B. Prager
schwarzer Pfeffer aus der Mühle
2 Msp. gemahlener Kümmel
1 Msp. gemahlener Koriander
2 Eigelbe (M) | 2 Eier (M)
200 g Sahne
1 EL Speisestärke
200 ml Milch
frisch geriebene Muskatnuss
Cayennepfeffer
200 g geriebener Käse, z. B. Emmentaler
etwas Butter für die Form

Außerdem

Alufolie

1. Die Nudeln nach Packungsanleitung in reichlich Salzwasser bissfest garen, abgießen und abtropfen lassen (nicht abschrecken!).

2. Den Backofen auf 170 °C Umluft (190 °C Elektrohitze) vorheizen.

3. Den Kohl vierteln, vom Strunk befreien und in etwa 2 cm große Blättchen schneiden. Die Zwiebel abziehen und in 2 cm große Stücke schneiden.

4. Die Butter in einem Topf (28 cm Ø) erhitzen und die Zwiebeln darin 3 Min. glasig andünsten. Den Zucker einrühren, hellbraun karamellisieren lassen, mit Essig ablöschen und vollständig einkochen lassen.

5. Das Kraut dazugeben, kurz durchschwenken und zugedeckt etwa 10 Min. bei mittlerer Hitze garen lassen. Dabei gelegentlich umrühren.

6. Inzwischen den Schinken in mundgerechte Stücke zupfen, mit den Nudeln und Kraut mischen und mit Salz, Pfeffer, Kümmel und Koriander abschmecken.

7. Eigelbe, Eier, Sahne, Stärke und Milch verrühren und mit Salz, Pfeffer, Muskatnuss und Cayennepfeffer kräftig würzen.

8. Eine ofenfeste Backform (30 x 18 cm) mit Butter einfetten und mit etwas Käse bestreuen. Die Kraut-Nudelfleckerl darin verteilen, mit dem restlichen Käse bestreuen und mit Eiersahne übergießen. Den Auflauf mit Alufolie bedeckt etwa 30 Min. garen.

9. Die Alufolie entfernen, die Ofentemperatur auf 190 °C Umluft (220 °C Elektrohitze) erhöhen und den Auflauf weitere 15 Min. goldbraun backen. Aus dem Ofen nehmen, kurz ruhen lassen und dann servieren.

Die heißen Tipps

• Wer's würziger mag, ersetzt den gekochten Schinken durch kross gebratene Speckwürfel und mischt sie unter.

• Statt in einer Auflaufform können Sie die Nudelfleckerl auch in vier großen, feuerfesten Tassen backen und servieren.

Wirsingmuffins mit Schmorgemüse

Für 4 Personen
Zubereitung: ca. 35 Min.
Backofenzeit: 20 Min.
Pro Portion: ca. 490 kcal

1/2 Kopf Wirsing (8 Blätter, à 30 g)
Salz | 1 Brötchen vom Vortag
1 große Zwiebel (140 g)
4 Zweige glatte Petersilie
1 EL Butter | 1 Ei (M)
400 g gemischtes Hackfleisch
2 Prisen getrockneter Majoran
1 Msp. gemahlener Kümmel
1 EL mittelscharfer Senf
schwarzer Pfeffer aus der Mühle

Für das Gemüse

5 Möhren (500 g)
2 Petersilienwurzeln (200 g)
2 EL Butter
2 Prisen Zucker
200 ml kohlensäurehaltiges Mineralwasser
2 Zweige glatte Petersilie

Außerdem

12-er Muffinform
etwas Butter zum Fetten der Form

1. Den Wirsing putzen, vom Strunk befreien und die Blätter einzeln waschen. Für ca. 8 Min. in kochendes Salzwasser geben, herausheben und eiskalt abschrecken; mit Küchenpapier trockentupfen.

2. Den Backofen auf 180 °C Umluft (200 °C Elektrohitze) vorheizen.

3. Das Brötchen in Wasser einweichen. Die Zwiebel abziehen und in feine Würfel schneiden. Die Petersilie waschen, trockenschütteln, die Blätter abzupfen und grob schneiden.

4. Die Butter in einer kleinen Pfanne erhitzen und die Zwiebeln darin etwa 3 Min. glasig dünsten. Das Brötchen am besten über einem Sieb gut ausdrücken und mit Ei, Hackfleisch, Zwiebeln, Petersilie, Majoran, Kümmel und Senf vermengen; mit Salz und Pfeffer würzen.

5. Acht Muffinmulden mit Butter fetten und mit den Wirsingblättern auskleiden. Die Hackmasse einfüllen, fest hineindrücken und mit den überstehenden Rändern der Wirsingblätter bedecken. Etwa 20 Min. im vorgeheizten Ofen backen.

6. Möhren und Petersilienwurzeln putzen, waschen und schälen; je nach Größe halbieren oder vierteln und in etwa 8 cm lange Stücke schneiden.

7. Die Butter in einem Topf (24 cm Ø) erhitzen und das Gemüse darin ca. 5 Min. anschwitzen. Mit Zucker bestreuen, kurz durchrühren, mit Mineralwasser ablöschen und etwa 15 Min. zugedeckt köcheln lassen. Anschließend mit Salz und Pfeffer abschmecken.

8. Die Petersilie waschen, trockenschütteln, die Blätter abzupfen, grob schneiden und damit das Gemüse verfeinern.

9. Die Muffins aus dem Ofen nehmen und mit dem Schmorgemüse servieren.

Die heißen Tipps

• Die Wirsingmuffins lassen sich wunderbar vorbereiten und mit Klarsichtfolie bedeckt kühl stellen. Sie sollten aber wegen des rohen Hackfleisches am gleichen Tag gebacken werden. Und außerdem: Sie schmecken auch kalt!

• Als Beilage eignen sich z. B. Kartoffelpüree (siehe Seite 26) oder einfach nur Petersilienkartoffeln.

Herzhafte Sechskorn-Plätzchen
mit Spargel im Pergament

Für 4 Personen
Zubereitung: ca. 45 Min.
Backofenzeit: 35 Min.
Pro Portion: ca. 570 kcal

Für die Sechskorn-Plätzchen

5 EL Pflanzenöl
120 g Getreideschrot (aus Weizen, Roggen, Gerste, Hafer, Hirse, Buchweizen; Reformhaus oder Naturkostladen)
300 ml Gemüsebrühe
3 Frühlingszwiebeln (60 g)
150 g Quark (40 %) | 2 Eier (M)
1 EL mittelscharfer Senf
2 Prisen getrockneter Majoran
Salz | schwarzer Pfeffer aus der Mühle
Cayennepfeffer

Für den Spargel im Pergament

1 kg weißer Spargel, 1er- oder 2er-Qualität
4 EL Butter | Zucker

Für die Sauce

300 g Kohlrabi (geputzt 160 g)
1 Schalotte (40 g)
1 Bund Schnittlauch
1 EL Butter
250 ml Gemüsebrühe
100 g Sahne
frisch geriebene Muskatnuss

Außerdem

4 Blätter Pergament- oder Backpapier, etwa 30 x 30 cm

1. Den Backofen auf 200 °C Umluft (220 °C Elektrohitze) vorheizen.

2. 1 EL Pflanzenöl in einem Topf (24 cm Ø) erhitzen und den Schrot darin bei mittlerer Hitze etwa 4 Min. anrösten. Nach und nach die Brühe dazugießen und alles kräftig umrühren – das Getreide ca. 12 Min. quellen, dann in einer Schüssel auskühlen lassen.

3. Inzwischen die Frühlingszwiebeln putzen, waschen, in feine Ringe schneiden und mit Getreide, Quark, Eiern und Senf verrühren. Die Masse mit Majoran, Salz, Pfeffer und Cayennepfeffer würzen und beiseite stellen.

4. Spargel schälen, die holzigen Enden abschneiden, Stangen quer halbieren.

5. Jedes Pergamentpapier-Stück mit etwas Butter bestreichen, die Spargelstücke portionsweise darauf legen, mit je 1 Prise Salz und Zucker würzen und mit Flöckchen der restlichen Butter belegen. Das Papier zu je einem Päckchen verschließen, die Enden gut zusammendrücken, auf ein Ofenblech setzen und den Spargel etwa 35 Min. garen.

6. Inzwischen den Kohlrabi putzen, die Schalotte abziehen und beides klein würfeln. Den Schnittlauch waschen, trockenschütteln, in Röllchen schneiden.

7. Die Butter in einem kleinen Topf (20 cm Ø) erhitzen und die Schalotten darin 3 Min. glasig dünsten. Den Kohlrabi dazugeben, die Gemüsebrühe aufgießen, aufkochen und offen etwa 15 Min. bei mittlerer Hitze kochen lassen. Die Sahne dazugießen, nochmals aufkochen lassen und alles mit dem Stabmixer fein pürieren. Die Sauce mit Salz, Muskatnuss und Cayennepfeffer abschmecken.

8. Aus der Getreidemasse 12 Plätzchen formen. Das restliche Pflanzenöl in einer großen Pfanne erhitzen und die Getreideplätzchen darin von beiden Seiten in insgesamt ca. 12 Min. goldbraun braten.

9. Die Kohlrabisauce nochmals aufkochen lassen, den Topf vom Herd ziehen und den Schnittlauch einrühren.

10. Die Spargelpakete aus dem Ofen nehmen und öffnen. Dann Spargel und Sechskorn-Plätzchen mit der Kohlrabisauce auf vorgewärmten Tellern servieren.

Der heiße Tipp

Garen im Pergament ist sehr schonend, geeignet für Gemüse, Obst, Fisch, Meeresfrüchte und Fleisch, denn Geschmack und Aroma bleiben erhalten. Der Dampf bläht das Pergamentpapier-Paket auf und lässt den Inhalt im eigenen Saft garen.

Gebratener Saibling
mit Kartoffel-Erbsen-Rösti

Für 4 Personen
Zubereitung: ca. 40 Min.
Pro Portion: ca. 745 kcal

Für die Kräutersauce

1 Zweig Dill | 1/2 Bund Schnittlauch
2 Zweige glatte Petersilie
150 g Crème fraîche | 2 EL Milch
Salz | schwarzer Pfeffer aus der Mühle
1 Prise Zucker

Für die Kartoffel-Erbsen-Rösti

200 g Junge Erbsen (tiefgekühlt)
1 Zwiebel (100 g)
1 kg mehlig kochende Kartoffeln
Salz | schwarzer Pfeffer aus der Mühle
frisch geriebene Muskatnuss
ca. 10 EL Pflanzenöl | 2 EL Butter

Für den Saibling

500 g Bachsaiblingsfilet mit Haut
Salz | schwarzer Pfeffer aus der Mühle
etwas Zitronensaft
1 EL Pflanzenöl | 1 EL Butter

1. Die Kräuter waschen und trockenschütteln; den Schnittlauch in feine Röllchen schneiden; die Petersilienblättchen und Dillspitzen abzupfen und mit einem scharfen Messer fein schneiden.

2. Crème fraîche und Milch glatt verrühren; die Kräuter einrühren und mit Salz, Pfeffer und Zucker würzen.

3. Für die Rösti die Erbsen auftauen lassen. Die Zwiebel abziehen und fein würfeln. Die Kartoffeln waschen, schälen und mit dem Gemüsehobel fein reiben. Die Kartoffelraspel gut ausdrücken. Mit den Zwiebeln und Erbsen mischen und mit Salz, Pfeffer und Muskatnuss würzen.

4. Den Backofen auf 100 °C (Ober- und Unterhitze) vorheizen.

5. Etwa 2 EL Öl in einer kleinen Pfanne (14–16 cm Ø) erhitzen, 1/4 der Kartoffel-Masse darin verteilen, fest drücken und insgesamt in etwa 15 Min. bei mittlerer Hitze braten – nach etwa 7 Min. wenden und fertig garen. Zum Verfeinern etwas Butter am Rand hineinschmelzen, die Rösti nochmals wenden und bis zum Servieren im Backofen warm halten. Danach die anderen drei Rösti ebenso zubereiten.

6. Das Fischfilet kalt abbrausen, mit Küchenpapier trockentupfen und eventuelle Gräten entfernen. Den Fisch in etwa 5 cm lange Stücke teilen und mit Salz, Pfeffer und einigen Spritzern Zitronensaft würzen.

7. Pflanzenöl und Butter in einer großen Pfanne erhitzen, die Fischstücke mit der Hautseite nach unten in die Pfanne legen, etwa 1 Min. braten und wenden. Die Pfanne vom Herd nehmen und den Fisch kurz ziehen lassen.

8. Die Kartoffel-Erbsen-Rösti mit den Fischfilets und der Kräutersauce auf vorgewärmten Tellern anrichten und servieren.

KOCHSCHULEN-KNOW-HOW PRODUKTE

• Damit Butter beim Braten nicht verbrennt, gibt man sie zum Schluss dazu.
• Kartoffeln verfärben sich sehr schnell unansehnlich. Um das zu verhindern, geben Sie etwa 1/2 Päckchen Knödelhilfe (Supermarkt) über die geriebenen Kartoffeln und vermischen beides gründlich miteinander.

Gebratene Hühnerbrust
mit BBQ-Sauce, Rosmarin und Speck

Für 4 Personen
Zubereitung: ca. 15 Min.
Backofenzeit: 14 Min.
Pro Portion: ca. 435 kcal

Für die BBQ-Sauce

4 EL Ketchup
1/2 TL Currypulver
1 1/2 TL Honig
einige Spritzer helle Sojasauce (Asiamarkt)
einige Spritzer Worcestersauce
schwarzer Pfeffer aus der Mühle
Cayennepfeffer

Für die Hühnerbrust

4 Hühnerbrüste ohne Haut (à 160 g)
Salz | schwarzer Pfeffer aus der Mühle
2 Zweige Rosmarin
8 Scheiben Frühstücksspeck (140 g)
2 EL Pflanzenöl

1. Für die Sauce Ketchup, Currypulver, Honig, Soja- und Worcestersauce verrühren und mit Pfeffer und Cayennepfeffer pikant abschmecken – die Sojasauce sorgt für den Salzgeschmack.

2. Die Hühnerbrüste abbrausen und mit Küchenpapier trockentupfen. Dann mit Salz und Pfeffer würzen, mit einigen Nadeln Rosmarin bestreuen und mit je 2 Scheiben Frühstücksspeck umwickeln (siehe Step-Bild 1). Das Pflanzenöl in einer Pfanne erhitzen und die Hühnerbrüste darin bei mittlerer Hitze von beiden Seiten insgesamt etwa 4 Min. braten (siehe Step-Bild 2).

3. Den Backofen auf 160 °C Umluft (180 °C Elektrohitze) vorheizen.

4. Die Hühnerbrüste aus der Pfanne nehmen, in eine ofenfeste Form legen, von beiden Seiten mit der BBQ-Sauce bestreichen und im Backofen etwa 14 Min. durchziehen lassen.

5. Die garen Hühnerbrüste aus dem Ofen nehmen, kurz ruhen lassen und dann servieren, z. B. mit geröstetem Baguette, Eisbergsalat und Tomaten.

Die heißen Tipps

• Als Beilage können Sie auch Spieße mit gebratenen Maiskolben und Zucchini nehmen. Dafür 2 vorgekochte Maiskolben (vakuumverpackt) in etwa 2 cm dicke Scheiben schneiden, 1 Zucchino der Länge nach in dünne Scheiben schneiden. Beides auf Holzspieße stecken und mit den Hühnerbrüsten in der Pfanne mit anbraten: So nimmt das Gemüse den Geschmack von Speck und Rosmarin an. Dann im Ofen mit den Hühnchen fertig garen.

• Oder servieren Sie Ofenkartoffeln (siehe Seite 28) oder Romanasalat mit Frenchdressing (siehe Seite 22) dazu.

Die Hühnerbrüste fest mit den Frühstücksspeck-Scheiben umwickeln (1); dann unbedingt auf der Nahtseite anbraten (2).

Gebratenes Schweinefilet
mit Chinakohl und frischem Koriander

Für 4 Personen
Zubereitung: ca. 30 Min.
Pro Portion: ca. 440 kcal

600 g Schweinefilet am Stück
7 EL helle Sojasauce (Asiamarkt)
4 Möhren (400 g)
200 g Zuckerschoten
1 Bund Frühlingszwiebeln (200 g)
1 kleiner Chinakohl (etwa 600 g)
150 g frische Shiitake-Pilze
1 Bund frischer Koriander
4 EL neutrales Pflanzenöl
4 EL Austernsauce (Asiamarkt)

1. Das Schweinefilet kalt abbrausen und mit Küchenpapier trockentupfen. Die Filetspitze in mundgerechte, fingerdicke Stücke schneiden, das dickere Mittelstück und den Filetkopf der Länge nach halbieren und erst dann in Scheiben schneiden. Das Fleisch mit 4 EL Sojasauce etwa 20 Min. marinieren.

2. Sämtliche Gemüse putzen und waschen. Die Möhren schälen, der Länge nach halbieren und schräg in feine, etwa 5 cm lange Streifen schneiden. Die Enden der Zuckerschoten abschneiden, den Faden abziehen und die Schoten schräg in feine Streifen schneiden. Die Frühlingszwiebeln in ca. 5 cm lange Stücke teilen; dickere Zwiebeln einmal der Länge nach halbieren. Den Chinakohl der Länge nach halbieren, vom Strunk befreien und die Hälften in dünne Streifen schneiden.

3. Die Shiitake-Pilze putzen und entstielen – sie würden beim Braten zäh werden. Die Hüte je nach Größe halbieren oder vierteln.

4. Den Koriander waschen, trockenschütteln, die Blättchen abzupfen und grob schneiden. Wer möchte, schneidet auch die aromatischen Stiele ganz fein und streut sie mit den Blättern über das fertige Gericht.

5. Das Gemüse – außer Chinakohl und Pilzen – in einem heißen Wok oder einer großen Pfanne mit 2 EL Pflanzenöl ca. 3 Min. scharf anbraten; dabei mit einem Holzlöffel gelegentlich umrühren. Dann Chinakohl und Pilze dazugeben, weitere 2 Min. braten und das Gemüse in eine Schüssel füllen.

6. Das restliche Öl heiß werden lassen und die Fleischstücke von beiden Seiten insgesamt etwa 3 Min. scharf anbraten. Das Gemüse unterrühren, alles mit Austern- und restlicher Sojasauce abschmecken und den Koriander untermischen. Dazu passen am besten Duftreis und frische, selbst gemachte Chilisauce (siehe Seite 20).

KOCHSCHULEN-KNOW-HOW

Der unvergleichlich aromatische Geschmack frischer Shiitake-Pilze lässt sich nur schwer ersetzen, am ehesten noch durch braune Champignons. Als edle Pilz-Variante bieten sich frische Steinpilze an.

DIE WICHTIGSTEN ASIATISCHEN WÜRZSAUCEN

Sojasauce

Chilisauce

Fischsauce

Gebratenes Kaninchenfilet
mit Erdnüssen und Glasnudelsalat

Für 4 Personen
Zubereitung: ca. 30 Min.
Pro Portion: ca. 450 kcal

100 g Glasnudeln (Asiamarkt)
4 Kaninchenfilets (à 120 g)
100 g Staudensellerie
150 g Rettich
300 g Brokkoli
1 rote Zwiebel (80 g)
1 kleine Knoblauchzehe
2 dünne Scheiben frischer Ingwer
1 kleine thailändische Chilischote
40 g ungesalzene Erdnüsse
3 EL Traubenkernöl | Salz
schwarzer Pfeffer aus der Mühle
Saft von 1 Limette
2 EL Fischsauce (Asiamarkt)
2 EL Reisessig (Asiamarkt)
2 Prisen brauner Zucker
2 EL Butter

1. Die Glasnudeln mit 1 l kochendem Wasser übergießen und zugedeckt 20 Min. quellen lassen. Dann abgießen und mit einer Schere in mundgerechte kurze Stücke schneiden.

2. Inzwischen die Kaninchenfilets von Sehnen befreien, kalt abbrausen und mit Küchenpapier trockentupfen.

3. Sämtliches Gemüse putzen und waschen. Den Staudensellerie von sog. »Fäden« befreien und schräg in feine Scheiben schneiden. Den Rettich schälen und in Streifen schneiden, den Brokkoli in kleine Röschen teilen.

4. Zwiebel und Knoblauch abziehen, den Ingwer schälen, die Chilischote halbieren und alles fein schneiden. Wer es scharf mag, verwendet die Chilikerne. Die Erdnüsse am besten in der Küchenmaschine grob zerkleinern.

5. 2 EL Traubenkernöl in einer großen Pfanne erhitzen und den Brokkoli darin etwa 5 Min. braten; mit Salz und Pfeffer würzen.

6. Glasnudeln, Sellerie, Rettich, Zwiebeln, Brokkoli, Knoblauch, Ingwer, Chili und Limettensaft miteinander vermengen. Mit Fischsauce, Reisessig, Zucker, Salz und Pfeffer abschmecken.

7. Das restliche Öl in einer großen Pfanne erhitzen. Die Kaninchenfilets mit Salz und Pfeffer würzen und von beiden Seiten insgesamt in ca. 4 Min. anbraten. Nach 2 Min. die Butter und die Erdnüsse zu den Kaninchenfilets geben und mitbraten. Die Pfanne vom Herd nehmen, die Filets 2 Min. ziehen lassen und herausheben.

8. Den lauwarmen Glasnudelsalat mit den Kaninchenfilets belegen, mit den Erdnüssen bestreuen und gleich servieren.

Der heiße Tipp

Sie können statt des Kaninchenfilets auch in Streifen geschnittene Hühnerbrust verwenden.

Gebratenes Entrecôte
mit Zwiebelkruste

Für 4 Personen
Zubereitung: ca. 20 Min.
Pro Portion: ca. 400 kcal

2 Zwiebeln (200 g)
5 EL Pflanzenöl
1 EL Butter
2 Scheiben Toastbrot
2 Zweige Thymian
2 EL mittelscharfer Senf | Salz
schwarzer Pfeffer aus der Mühle
4 Scheiben Entrecôte (à 200 g)

1. Die Zwiebeln abziehen und fein würfeln.

2. 2 EL Öl mit der Butter in einer großen Pfanne erhitzen und die Zwiebeln darin bei milder Hitze in etwa 8 Min. glasig anschwitzen; aus der Pfanne nehmen und abkühlen lassen.

3. Inzwischen das Toastbrot entrinden und in der Küchenmaschine oder mit den Fingern möglichst fein zerreiben.

4. Den Thymian waschen, trockenschütteln, die Blätter abzupfen und grob schneiden; mit Zwiebeln, Senf und Toastbröseln mischen. Die Masse mit Salz und Pfeffer abschmecken.

5. Das Fleisch von beiden Seiten mit Salz und Pfeffer würzen und nur auf einer Seite mit der Zwiebelmasse bestreichen.

6. Das restliche Pflanzenöl in einer großen Pfanne erhitzen. Das Fleisch mit der Zwiebelseite nach unten hineinlegen und bei mittlerer Hitze zunächst 6 Min. garen. Dann mit einer Palette vorsichtig wenden und in weiteren 5 Min. fertig braten – bei diesen Garzeiten wird es medium. Das Fleisch aus der Pfanne nehmen und kurz ruhen lassen, z. B. mit Ofengemüse servieren.

Der heiße Tipp

Die Zwiebelkruste passt auch zu Schwein, Geflügel oder Lamm.

KOCHSCHULEN-KNOW-HOW STEAK

- Das französische Wort Entrecôte bezeichnet das Mittelrippenstück vom Rind und wird auch bei uns unter dieser Bezeichnung im Fachhandel angeboten.
- Wenn Sie das Fleisch blutiger oder stärker durchgebraten mögen, verändert sich lediglich die Garzeit auf der 2. Fleischseite: 2 Min. für »rare«, 7–8 Min. für »well done«.

Die drei Garstadien: rare (1), medium (2) und well done (3).

Gebratener Lammrücken
mit Bohnen-Auberginen-Gemüse

Für 4 Personen
Zubereitung: ca. 40 Min.
Pro Portion: ca. 660 kcal

1 Aubergine (500 g)
400 g breite grüne Bohnen
3 Zweige Bohnenkraut | Salz
200 g Risoni (Nudeln in Reiskornform)
1 große Zwiebel (160 g)
1 Knoblauchzehe
8 EL Olivenöl
6 Zweige Thymian
2 Stücke Lammrücken mit Knochen (à 500 g)
40 g Parmesan am Stück
schwarzer Pfeffer aus der Mühle
Cayennepfeffer

1. Aubergine und Bohnen putzen und waschen. Die Aubergine in etwa 1 cm große Würfel schneiden. Von den Bohnen die Enden entfernen und die Bohnen schräg in 1 cm große Stücke schneiden. Bohnen samt Bohnenkraut in kochendem Salzwasser etwa 7 Min. garen; dann herausheben, eiskalt abschrecken und abtropfen lassen.

2. Den Backofen auf 140 °C Umluft (160 °C Elektrohitze) vorheizen.

3. Anschließend die Risoni im Bohnenwasser nach Packungsanleitung bissfest garen, abgießen (nicht abschrecken!) und beiseite stellen.

4. Zwiebeln und Knoblauch abziehen und fein würfeln.

5. 2 EL Olivenöl in einem Topf (28 cm Ø) erhitzen und Zwiebeln und Knoblauch darin in ca. 3 Min. glasig anschwitzen. Auberginenwürfel, 2 Thymianzweige und weitere 2 EL Olivenöl dazugeben und bei mittlerer Hitze etwa 10 Min. braten, dabei gelegentlich umrühren.

6. Die Lammrückenstücke, salzen und pfeffern und in einer heißen Pfanne mit 2 EL Olivenöl etwa 2 Min. rundherum anbraten und mit je 2 Thymianzweigen belegen. Das Fleisch aus der Pfanne heben und auf dem Gitter (Blech als Tropfschutz einschieben) im Backofen etwa 5 Min. rosa gar ziehen lassen.

7. Den Parmesan in dünne Späne hobeln.

8. Reisnudeln und Bohnen zu den Auberginen geben, erhitzen und mit Salz, Pfeffer und Cayennepfeffer würzen. Die restlichen 2 EL Olivenöl dazugeben, alles gut miteinander vermischen und nochmals abschmecken.

9. Die Lammstücke aus dem Ofen nehmen, kurz ruhen lassen, den Knochen folgend schräg in einzelne Scheiben schneiden und mit dem Auberginen-Gemüse anrichten. Mit Parmesanspänen bestreuen und servieren.

Die heißen Tipps

• Zum Lamm schmeckt z. B. die Tomatenbutter (siehe Seite 25) hervorragend.

• Parmesanspäne gelingen am besten mit einem Sparschäler oder Gemüsehobel. Geübte schaben Späne mit dem Messer ab.

KOCHSCHULEN-KNOW-HOW FLEISCH BRATEN

Fleisch, das am Stück mit Knochen gebraten wird, bleibt bei dieser Garmethode wunderbar saftig.

Luftige Mascarponecreme
mit Biskuit, Erdbeeren und Bananen

Für 4 Personen
Zubereitung: ca. 15 Min.
Pro Portion: ca. 545 kcal

12 Stück Biskuitkekse (siehe Seite 36)

Für die Creme

1 Ei (M)

2 EL Puderzucker

200 g Sahne

150 g Mascarpone

1 TL Orangenlikör, z. B. Grand Marnier

Für den Erdbeersalat

500 g Erdbeeren

3 TL Puderzucker

1 Spritzer Zitronensaft

1 Banane

1. Das Ei trennen; Eigelb und 1 EL Puderzucker mit den Quirlen des Handrührgeräts weißschaumig aufschlagen. Das Eiweiß steif schlagen, dabei 1 EL Puderzucker nach und nach dazugeben.

2. Die Sahne nicht zu steif schlagen.

3. Mascarpone zum Eigelb geben, glatt einrühren und die Sahne mit dem Orangenlikör unterziehen. Zum Schluss das Eiweiß vorsichtig unterheben.

4. Die Erdbeeren waschen, putzen und trockentupfen. 4 Stück zur Seite legen; die restlichen Erdbeeren je nach Größe halbieren oder vierteln, mit 2 TL Puderzucker und Zitronensaft verrühren.

5. Die Banane schälen, klein würfeln und zu den Erdbeeren geben.

6. Die ganzen Erdbeeren und 1 TL Puderzucker mit dem Stabmixer pürieren.

7. Den Erdbeer-Bananen-Salat in Bechergläser oder Tassen verteilen, die Creme darauf geben und mit je 3 Biskuits und den Erdbeerstücken garnieren.

Die heißen Tipps

• Die Mascarponecreme können Sie schon am Vortag zubereiten und mit den Keksen gut durchziehen lassen. Den Erdbeersalat und die Erdbeersauce bereiten Sie frisch zu und geben sie auf die Creme.

• Anstelle der Bananen können Sie auch frische Papaya oder Melone verwenden; sie verleihen der Mascarponecreme eine angenehme Frische.

Karamellisierter Heidelbeerpfannkuchen
mit Vanilleeis

Für 4 Personen
Zubereitung: ca. 15 Min.
Pro Portion: ca. 480 kcal

2 Rezeptmengen Pfannkuchenteig (siehe Seite 38)
200 g frische Heidelbeeren
4 EL Butter
4 EL Zucker
Puderzucker zum Bestäuben
4 große Kugeln Vanilleeis

1. Den Pfannkuchenteig zubereiten.

2. Die Heidelbeeren kurz mit kaltem Wasser abbrausen und auf Küchenpapier trocknen lassen.

3. Jeweils 1/2 EL Butter und Zucker in einer kleinen Pfanne (14–16 cm Ø) hell karamellisieren lassen. 50 g Heidelbeeren darin verteilen, 1/4 des Pfannkuchenteigs darüber gießen und bei mittlerer Hitze insgesamt in ca. 3 Min. braten. Dabei die Pfanne ständig schwenken, einige Butterflocken am Rand einfließen lassen und die Oberseite mit 1/2 EL Zucker bestreuen.

4. Wenn der Teig zu stocken beginnt, den Pfannkuchen einmal wenden; die untere Seite karamellisieren lassen und erneut wenden. Nochmals kurz braten, dann auf einen Teller heben und warm stellen. Die anderen Pfannkuchen ebenso fertigen.

5. Die Heidelbeerpfannkuchen mit Puderzucker bestäuben und mit dem Vanilleeis servieren.

KOCHSCHULEN-KNOW-HOW PFANNKUCHEN

- Für die edlere Pfannkuchen-Variante die Eier trennen. Das Mehl mit Eigelben, Salz und Milch glatt rühren. Die Eiweiße nicht zu steif aufschlagen und unter den Teig heben.
- Für einen großen Pfannkuchen den Teig kurz anbraten und dann die Heidelbeeren, den restlichen Zucker und die Butterflöckchen darauf verteilen. Den Pfannkuchen im vorgeheizten Backofen bei 200 °C Umluft (220 °C Elektrohitze) etwa 15 Min. goldbraun backen.

Wenn Sie tiefgekühlte Heidelbeeren verwenden, empfiehlt es sich, zuerst den Pfannkuchenteig etwas anzubraten (1) und dann erst die Heidelbeeren zuzugeben (2). Die Pfannkuchen brauchen insgesamt etwas länger.

Pralinen-Crème-brûlée
mit Feigen und Orangen

Für 4 Personen
Zubereitung: ca. 20 Min.
Garzeit: 1 Std.
Kühlzeit: 2–3 Std.
Pro Portion: ca. 625 kcal

4 Eigelbe (M) | 2 EL Zucker
400 g Sahne | 40 g Nougat
60 g Zartbitter- oder Vollmilchkuvertüre
1 EL Weinbrand | 1 EL Rum
etwa 6 TL brauner Zucker

Für die Feigen

4 frische Feigen (200 g)
2 Orangen | 250 ml Orangensaft
1 TL Speisestärke | 1 1/2 EL Zucker

Außerdem

4 ofenfeste flache Formen mit 100 ml Füllmenge
Bunsenbrenner

1. Den Backofen auf 90 °C Umluft (110 °C Elektrohitze) vorheizen.

2. Die Eigelbe mit dem Zucker glatt verrühren. Die Sahne aufkochen, Nougat und Kuvertüre darin auflösen. Eigelbmischung, Weinbrand und Rum vorsichtig unterziehen. Die Masse durch ein feines Sieb in flache, ofenfeste Förmchen gießen – darauf achten, dass sich an der Oberfläche keine Bläschen bilden.

3. Die Förmchen auf das tiefe Ofenblech stellen; heißes Wasser auffüllen, so dass die Formen bis zur Hälfte im Wasser stehen. 1 Std. garen lassen. Die Crème aus dem Ofen nehmen und vollständig auskühlen lassen – sie ist perfekt, wenn sie eine puddingartige Konsistenz hat.

4. Inzwischen die Feigen schälen und halbieren; die Orangen mit einem scharfen Messer so großzügig schälen, dass die weiße Haut mit entfernt wird. Die einzelnen Segmente aus den Trennhäuten herauslösen.

5. Den Zucker in einem kleinen Topf hell karamellisieren, mit dem Orangensaft ablöschen und 5 Min. bei geringer Hitze köcheln lassen. Die Stärke mit wenig Wasser glatt rühren, dazugeben und weitere 5 Min. garen.

6. Feigenhälften und Orangenfilets in eine Schüssel geben, mit der Fruchtsauce begießen und ziehen lassen. Crème und Feigenragout 2–3 Std. kühlen, besser noch über Nacht. 1 Std. vor dem Servieren aus dem Kühlschrank nehmen.

7. Den braunen Zucker auf der abgekühlten Crème brûlée verteilen und mit einem Bunsenbrenner hellbraun karamellisieren. Mit Feigenragout servieren.

KOCHSCHULEN-KNOW-HOW CRÈME BRÛLÉE

- Die Crème brûlée gart in flachen Formen besser als in höheren.
- Den Bunsenbrenner gibt es in Haushaltswarengeschäften oder in der Abteilung für Campingausrüstung.

Der heiße Tipp

Für die klassische Crème brûlée 5 Eigelbe mit 4 EL Zucker verrühren. 1 Vanilleschote aufschlitzen, das Mark herauskratzen; Vanilleschote und -mark mit 400 g Sahne aufkochen und mit 1 Prise Zimt verfeinern. Die Schote entfernen, die Sahne mit den Eigelben verrühren und wie oben beschrieben fortfahren.

Den Zucker gleichmäßig auf der Crème brûlée verteilen (1). Mit einem Hasuhalts-Bunsenbrenner abflämmen (2).

Birnen-Apfel-Strudel mit Mandeln

Für 6 Personen
Zubereitung: ca. 30 Min.
Backofenzeit: 35 Min.
Pro Portion: ca. 550 kcal

1 Rezeptmenge Strudelteig (siehe Seite 39)
2 EL Butter für die Form
Mehl für die Arbeitsfläche

Für die Füllung

80 g gestiftelte Mandeln
700 g säuerliche Birnen, z. B. Alexander Lukas, Gute Luise
700 g säuerliche Äpfel, z. B. Boskop, Cox orange
Saft von 1/2 Zitrone
1 EL Rum
1/2 TL gemahlener Zimt
Mark von 1 Vanilleschote
100 g Zucker
2 EL Rosinen
100 g Sahne
3 EL flüssige Butter
6 EL süße Brösel, z. B. Butterkekse
Puderzucker zum Bestäuben

1. Den Backofen auf 170 °C Umluft (190 °C Elektrohitze) vorheizen. Eine Backform (35 x 25 cm) mit Butter einfetten.

2. Die Mandeln in einer Pfanne ohne Fett in etwa 5 Min. goldbraun rösten; herausnehmen und abkühlen lassen.

3. Birnen und Äpfel waschen, schälen, vierteln, die Kerngehäuse entfernen und die Früchte in dünne Scheiben schneiden. Mit Zitronensaft beträufeln, Rum, Zimt, Vanillemark, Zucker, Rosinen, geröstete Mandeln und 50 g Sahne dazugeben und alles miteinander vermischen.

4. Den Strudel in 6 gleich große Teile schneiden, nacheinander auf einer bemehlten Arbeitsfläche möglichst dünn ausrollen (etwa 25 x 20 cm), auf ein Küchentuch legen, mit etwas flüssiger Butter bepinseln, pro Strudel mit 1 EL Bröseln bestreuen.

5. 1/6 der Apfelmasse auf dem unteren Drittel des Teiges verteilen. Diesen mit Hilfe des Tuches aufrollen, die Teigenden verschließen und die Rollen in die gebutterte Form legen. Die anderen Strudelstücke ebenso zubereiten.

6. Die Strudel mit Butter bepinseln, mit der restlichen Sahne beträufeln und im vorgeheizten Backofen etwa 35 Min. goldbraun backen. Aus dem Ofen nehmen und kurz ruhen lassen. Mit Puderzucker bestäuben und servieren.

7. Den Strudel entweder mit Vanilleeis oder selbst gemachter Vanillesauce (siehe Seite 144) servieren.

Der heiße Tipp

Für die süßen Brösel mahlen Sie Butterkekse (Löffelbiskuit oder trockenen hellen Tortenboden) einfach in der Küchenmaschine fein.

3 Internationale Köstlichkeiten

Spargelcremesuppe
mit Ricottaplätzchen und Schnittlauch

Für 4 Personen
Zubereitung: ca. 35 Min.
Pro Portion: ca. 340 kcal

Für 12 Ricottaplätzchen

2 Scheiben Toastbrot
1 Bund Schnittlauch
2 EL Ricotta (italienischer Frischkäse)
1 Ei (M) | Salz
schwarzer Pfeffer aus der Mühle
2 EL Pflanzenöl

Für die Suppe

500 g weißer Spargel, z. B. Suppenspargel
1 l Wasser
1 EL Zucker
1 EL Salz
8 cm Bio-Orangenschale
1 TL Gemüsebrühe (Instant)
2 EL weiche Butter
1 EL Mehl (Type 405)
200 g Sahne
Salz | Cayennepfeffer

1. Das Toastbrot entrinden und in der Küchenmaschine fein reiben.

2. Den Schnittlauch waschen, trockenschütteln, in feine Röllchen schneiden und die Menge halbieren. Eine Hälfte mit den Toastbröseln, Ricotta und dem Ei glatt verrühren und mit Salz und Pfeffer würzen. Den restlichen Schnittlauch beiseite stellen.

3. Den Spargel schälen, die holzigen Enden abschneiden und die Stangen in mundgerechte Stücke schneiden.

4. Das Wasser in einem großen Topf (24 cm Ø) aufkochen; Zucker, Salz, Orangenschale, Gemüsebrühe, 1 EL Butter und die Spargelstücke dazugeben, erneut aufkochen lassen und 10 Min. bei mittlerer Hitze garen. Danach 1 Schaumkelle Spargelstücke als Einlage für die Suppe herausnehmen. Die Orangenschale entfernen.

5. 1 EL Butter mit Mehl vermengen, nach und nach in die kochende Suppe bröseln und weitere 10 Min. kochen lassen. Dann alles mit dem Stabmixer fein pürieren; Sahne und Spargeleinlage hinzufügen und weitere 5 Min. zugedeckt bei geringer Hitze ziehen lassen. Mit Salz und Cayennepfeffer abschmecken.

6. Inzwischen von der Ricottamasse mit einem Teelöffel 12 Häufchen abstechen. Das Pflanzenöl in einer großen Pfanne erhitzen, die Ricottaplätzchen einlegen, etwas flach drücken und von beiden Seiten bei schwacher Hitze in insgesamt 4 Min. goldbraun braten. Die Ricottaplätzchen herausheben und auf Küchenpapier abtropfen lassen.

7. Die Suppe mit Spargelstücken, Schnittlauch und Ricottaplätzchen in vorgewärmten tiefen Tellern anrichten und servieren.

KOCHSCHULEN-KNOW-HOW PRODUKT

Als Suppenspargel bezeichnet man dünne, oftmals nicht völlig gerade gewachsene Stangen. Sie sind preiswerter als 1er- oder 2er-Spargel, aber genauso schmackhaft.

Tafelspitzbrühe
mit Brätstrudel und Liebstöckel

Für 4 Personen
Zubereitung: ca. 25 Min.
Backofenzeit: 45 Min.
Pro Portion: ca. 275 kcal

1 Rezeptmenge Pfannkuchenteig (siehe Seite 38)
1/2 Bund glatte Petersilie
1 kleiner Zweig Liebstöckel
1 kleine Möhre (50 g)
1 kleines Stück Knollensellerie (50 g)
1 kleines Stück Lauch (50 g) | Salz
150 g Kalbsbrät (beim Metzger vorbestellen)
50 g Sahne
schwarzer Pfeffer aus der Mühle
frisch geriebene Muskatnuss
2 EL Pflanzenöl zum Braten
1 EL Butter zum Fetten der Form
800 ml Rinderbrühe vom Tafelspitz (siehe Seite 10)
1 Bund Schnittlauch

Außerdem
Alufolie

1. Den Pfannkuchenteig zubereiten. Die Kräuter waschen, trockenschütteln, die Blättchen abzupfen und fein schneiden; mit dem Teig vermischen und beiseite stellen.

2. Den Backofen auf 150 °C Umluft (170 °C Elektrohitze) vorheizen.

3. Das Gemüse putzen und waschen. Möhre und Sellerie schälen und möglichst fein würfeln. Den Lauch längs halbieren und ebenfalls klein würfeln.

4. Möhren- und Selleriewürfel in kochendem Salzwasser 3 Min. garen. Dann den Lauch dazugeben, kurz ziehen lassen, abgießen, eiskalt abschrecken und abtropfen lassen.

5. Kalbsbrät und Sahne zu einer glatten Masse rühren; das abgekühlte Gemüse unterheben und je nach Bedarf mit Salz, Pfeffer und Muskatnuss würzen.

6. 1 EL Öl in einer großen Pfanne (28 cm Ø) erhitzen, die Hälfte des Pfannkuchenteigs einfließen lassen, von beiden Seiten in insgesamt 2 Min. goldbraun braten und auf Küchenpapier abtropfen lassen. Den zweiten Pfannkuchen im restlichen Öl genauso zubereiten. Pfannkuchen vollständig auskühlen lassen.

7. Eine ofenfeste Form mit Butter ausstreichen. Die Brätmasse gleichmäßig auf den beiden Pfannkuchen glatt verstreichen. Die Pfannkuchen eng aufrollen und in die Form legen. Die Form mit Alufolie bedecken und die Brätstrudel im vorgeheizten Backofen 45 Min. backen.

8. Die Tafelspitzbrühe aufkochen lassen. Den Schnittlauch waschen, trockenschütteln und in feine Röllchen schneiden.

9. Die Brätstrudel aus dem Ofen nehmen, 2 Min. ruhen lassen, in 1 cm dicke Scheiben aufschneiden. In die heiße Suppe einlegen und mit Schnittlauch bestreut servieren.

Der heiße Tipp
Den Brätstrudel kann man auch gut vorbereiten. Die Scheiben in der heißen Suppe erhitzen.

KOCHSCHULEN-KNOW-HOW PRODUKT
Kalbsbrät ist eine fein verarbeitete Fleischmasse, wie sie für Leberkäse oder feine Bratwürste verwendet wird. Sie ist bereits gewürzt; daher Vorsicht beim Salzen.

Kürbissuppe
mit Zimt und frischem Ingwer

Für 4 Personen
Zubereitung: ca. 45 Min.
Pro Portion: ca. 325 kcal

800 g Muskatkürbis (geschält 600 g)
2 EL Butter | Salz
1 Zwiebel (100 g)
400 ml ungesüßte Kokosmilch
400 ml Gemüsebrühe
4 EL Kürbiskerne
2 dünne Scheiben frischer Ingwer
1 Msp. gemahlener Zimt
1 Msp. Cayennepfeffer
1 Zweig Thaibasilikum (Asiamarkt)
schwarzer Pfeffer aus der Mühle

1. Den Backofen auf 200 °C Umluft (220 °C Elektrohitze) vorheizen.

2. Den Kürbis entkernen, schälen und das Kürbisfleisch in etwa 2 cm große Würfel schneiden. In eine ofenfeste Form geben, mit 1 EL Butterflocken belegen, mit 100 ml Wasser übergießen und leicht salzen. Die Kürbiswürfel im Backofen in etwa 30 Min. weich garen.

3. Inzwischen die Zwiebel abziehen und fein würfeln.

4. Die restliche Butter in einem großen Topf (24 cm Ø) erhitzen und die Zwiebeln darin 3 Min. glasig dünsten. Mit Kokosmilch und Gemüsebrühe ablöschen, aufkochen und etwa 10 Min. offen bei geringer Hitze köcheln lassen.

5. Die Kürbiskerne in einer Pfanne ohne Fett ca. 5 Min. bei mittlerer Hitze rösten.

6. Den Ingwer schälen, fein würfeln und zusammen mit dem weichen Kürbis zur Kokosmilch geben; 10 Min. köcheln lassen. Mit dem Stabmixer pürieren und mit Salz, Pfeffer, Zimt und Cayennepfeffer abschmecken.

7. Das Thaibasilikum waschen, trockenschütteln und die Blätter in grobe Stücke zupfen; in die heiße Kürbissuppe einrühren. Die Suppe in vorgewärmten tiefen Tellern anrichten, mit Kürbiskernen bestreuen und servieren.

1

2

Die Kürbiskerne und -fäden am besten mit einem Löffel herauslösen (1). Dann den Kürbis in Spalten schneiden – so lässt er sich leichter schälen (2).

Gazpacho
mit Avocado und Basilikum

Für 4 Personen
Zubereitung: ca. 20 Min.
Pro Portion: ca. 140 kcal

500 g reife Tomaten
1/2 Salatgurke (300 g)
je 1 gelbe und 1 rote Paprikaschote (à 200 g)
2 dünne Scheiben Knoblauch
grobes Meersalz
1 TL Zucker
1 EL Sherryessig
4 EL Olivenöl
grober schwarzer Pfeffer
einige Spritzer Tabasco
1/2 Avocado (geschält 70 g)
1 Zweig Basilikum (etwa 8 große Blätter)

1. Das Gemüse putzen und waschen. Die Tomaten in grobe Stücke schneiden. Die Salatgurke schälen und ein Stück von etwa 100 g beiseite legen; den Rest grob würfeln. Die Paprikaschoten halbieren, Kerne und Trennwände entfernen und 1 gelbe Paprikahälfte zur Seite legen. Die übrigen Hälften in grobe Stücke schneiden.

2. Das vorbereitete Gemüse mit dem Knoblauch in ein hohes Gefäß geben; mit 2 Prisen Meersalz und Zucker würzen, mit dem Stabmixer fein pürieren und durch ein grobes Sieb streichen. Die Suppe mit Sherryessig und Olivenöl verrühren, mit Meersalz, grobem Pfeffer und Tabasco abschmecken und nochmals mit dem Stabmixer aufschlagen.

3. Das Gurkenstück halbieren, entkernen und klein würfeln.

4. Die Avocadohälfte schälen und klein würfeln (siehe Kochschulen-Know-how). Auch die gelbe Paprikahälfte klein schneiden und alle drei Zutaten in eine Schüssel geben.

5. Das Basilikum waschen, trockenschütteln, die Blätter in feine Stücke zupfen und über die Gemüsewürfel streuen. Mit Meersalz und Pfeffer abschmecken.

6. Die Suppe in gekühlten Gläsern oder Tassen mit dem Gemüsesalat dekorieren und gleich servieren.

Die heißen Tipps

• Im Sommer ist diese kalte Gemüsesuppe eine wunderbare Erfrischung: Sie lässt sich zusätzlich mit gerösteten Brotwürfeln servieren, oder Sie fügen klein geschnittene rote Zwiebeln hinzu.

• Da diese Suppe ein idealer Appetitanreger ist, bieten Sie sie doch in kleinen Gläsern oder Espressotassen als Aperitif an.

KOCHSCHULEN-KNOW-HOW AVOCADO

Eine Avocadohälfte bewahrt man am besten so auf: Die Frucht halbieren und die Fruchthälfte mit dem Stein in Frischhaltefolie gewickelt in den Kühlschrank geben.

Tortilla
mit Paprika, Zucchini und Kartoffeln

Für 4 Personen
Zubereitung: ca. 25 Min.
Backofenzeit: 15 Min.
Pro Portion: ca. 280 kcal

1 rote Paprikaschote (200 g)
1 Stück Lauch (60 g)
1 Zucchino (200 g)
2 vorwiegend fest kochende Kartoffeln (250 g)
4 EL Olivenöl
Salz | 8 Eier (M)
schwarzer Pfeffer aus der Mühle

1. Den Backofen auf 200 °C Umluft (220 °C Elektrohitze) vorheizen.

2. Paprikaschote, Lauch und Zucchino putzen und waschen. Die Haut der Paprikaschote mit dem Sparschäler abschälen, dann die Paprika halbieren, entkernen und die Trennwände entfernen. Alles Gemüse fein würfeln.

3. Die Kartoffeln waschen, schälen und in ca. 1/2 cm dünne Scheiben hobeln oder schneiden.

4. Das Olivenöl in einer großen Pfanne (28 cm Ø) erhitzen. Die Kartoffelscheiben rosettenförmig eng aneinander einschichten und mit Salz bestreuen. Etwa 10 Min. bei mittlerer Hitze braten.

5. Inzwischen die Gemüsewürfel für etwa 2 Min. in kochendes Salzwasser geben, herausheben, eiskalt abschrecken und in einem Sieb abtropfen lassen. Danach auf den Kartoffelscheiben verteilen.

6. Die Eier mit einer Gabel oder einem Schneebesen aufschlagen, verquirlen, mit Salz und Pfeffer würzen und über das Gemüse gießen.

7. Die Pfanne zugedeckt in den vorgeheizten Backofen stellen und die Tortilla etwa 15 Min. stocken lassen. Danach kurz ruhen lassen. Die Tortilla auf eine Platte oder ein Blech heben, aufschneiden und servieren.

Der heiße Tipp

Als Beilage eignen sich z. B. hauchdünn aufgeschnittener gekochter Schinken und Weißbrot oder ein angemachter Blattsalat.

Basic-Pizza
mit Tomaten und Büffelmozzarella

Für 4 Pizzen mit dünnem Boden à 24 cm Ø
Zubereitung: ca. 1 Std. 25 Min.
Backofenzeit: 20 Min.
Pro Portion: ca. 480 kcal

1 Rezeptmenge Pizzateig (siehe Seite 35)
etwa 1/2 Menge der Tomatensauce (siehe unten)
300 g Büffelmozzarella

Für die Tomatesauce
1 Zwiebel (100 g) | 1 Knoblauchzehe
1 große Dose geschälte Tomaten (800 ml)
3 EL Olivenöl | 2 EL Tomatenmark
1 EL Zucker | 4 Zweige frischer Thymian
1 kleiner Zweig frischer Rosmarin
1 Zweig frisches Basilikum | Salz
schwarzer Pfeffer aus der Mühle
Cayennepfeffer

Außerdem
Küchengarn
Pizzastein (oder Backblech mit Backpapier ausgelegt)

1. Den Pizzateig zubereiten. Während der Teig geht, die Tomatensauce zubereiten. Dazu die Zwiebel und die Knoblauchzehe abziehen und fein würfeln. Die Tomaten aus der Dose in einer Schüssel mit der Gabel (noch besser geht es mit den Händen) zerdrücken.

2. Das Olivenöl in einem großen Topf (24 cm Ø) erhitzen und Zwiebeln und Knoblauch darin 3 Min. glasig anschwitzen. Tomatenmark und Zucker dazugeben, weitere 2 Min. unter ständigem Rühren anbraten; mit den Tomaten ablöschen. Die Dose mit einem 1/2 l Wasser ausschwenken und ebenfalls zur Sauce geben. Alles aufkochen lassen und bei geringer Hitze etwa 1 Std. offen köcheln lassen. Dabei gelegentlich umrühren.

3. Die Kräuter waschen und mit Küchengarn zusammenbinden, nach 30 Min. dazugeben. Die Sauce mit Salz, Pfeffer und Cayennepfeffer abschmecken.

4. Den Backofen mit dem Pizzastein auf 250 °C Umluft (270 °C Elektrohitze) vorheizen. Den Teig vierteln und auf einer bemehlten Fläche dünn ausrollen. Den Mozzarella in dünne Scheiben schneiden.

5. Je 2 kleine Schöpflöffel Tomatensauce auf jedem dünnen Pizzaboden verteilen, mit Mozzarella belegen, auf ein bemehltes Brett oder rundes, randloses Blech ziehen und mit dessen Hilfe vorsichtig auf den Pizzastein (oder auf das Backblech) gleiten lassen.

6. Die Pizzen nacheinander im Backofen in etwa 5 Min. backen, so dass Boden und Rand goldbraun gebacken sind. Jede Pizza herausnehmen, in Stücke schneiden, z. B. mit frischem Basilikum bestreuen und gleich servieren.

Variante
Den ausgerollten Teig nur mit fein geschnittenem Rosmarin, Thymian und einigen Knoblauchscheiben belegen, mit grobem Meersalz würzen und Olivenöl beträufeln. Etwa 5 Min. bei 250 °C Umluft backen. Pizzabrot schmeckt als Appetizer sowie als Brotbeilage zu Antipasti und zu Salat.

KOCHSCHULEN-KNOW-HOW KRÄUTERSTRAUSS
• Die Kräuter für die Tomatensauce mit einer Küchenschnur zusammenbinden; so kann man sie schnell wieder entfernen. Die Kräuter erst nach halber Garzeit zur Sauce geben: Geschmack und Inhaltsstoffe der Kräuter bleiben dadurch besser erhalten.
• Die restliche Tomatensauce in heiß ausgespülten Gläsern aufbewahren.

Die heißen Tipps
• Ein Pizza- oder Brotbackstein ist aus glasiertem Ton und wird in Haushaltswarengeschäften verkauft.
• Um eine glatte, feinere Tomatensauce zu erhalten, diese durch ein feinmaschiges Sieb abgießen. Je nach Konsistenz mit Wasser oder Gemüsebrühe verdünnen. Sie passt auch zu den unterschiedlichsten Nudelgerichten.

Gebackene Frühlingsrollen
mit Kalbsfilet und Riesengarnelen

Für 4 Personen
Zubereitung: ca. 45 Min.
Kühlzeit: 20 Min.
Pro Portion: ca. 690 kcal

Für 8 große Frühlingsrollen

200 g Sojasprossen
1 Bund Frühlingszwiebeln (100 g)
80 g Judasohren (Asiamarkt) – alternativ Shiitake-Pilze oder braune Champignons
2 Möhren (200 g) | 2 Zweige Minze
4 Zweige Koriander
200 g Kalbsfilet oder dünn geklopfte Kalbsschnitzel aus der Oberschale
150 g Garnelen ohne Kopf und Schale
1/2 TL geschnittener frischer Ingwer
6 EL helle Sojasauce | 1 Eiweiß
12 EL Pflanzenöl zum Braten
16 Blätter TK-Frühlingsrollenteig, 24 x 24 cm (Asiamarkt)
Salz

Für den Chilidip

150 g Salatgurke
10 EL süßsaure Chilisauce (Asiamarkt)
200 g junger Weißkohl

1. Sojasprossen kurz abbrausen und abtropfen lassen. Die Frühlingszwiebeln putzen, waschen und schräg in dünne Streifen schneiden. Die Judasohren in dünne Streifen schneiden. Die Möhren putzen, waschen, schälen, der Länge nach in dünne Scheiben und diese in dünne Streifen schneiden. Die Kräuter waschen, trockenschütteln, die Blätter abzupfen und grob schneiden. Das Kalbfleisch in dünne Streifen schneiden.

2. Den Darm der Garnelen entfernen. Dazu den Garnelenrücken längs einritzen, den schwarzen Darmfaden entfernen. Garnelen kalt abbrausen, mit Küchenpapier trockentupfen und je nach Größe halbieren oder vierteln. Zusammen mit Kalbsfilet, Ingwer und 2 EL Sojasauce verrühren und zur Seite stellen.

3. Das Eiweiß mit dem Schneebesen leicht aufschlagen.

4. 3 EL Pflanzenöl im Wok oder einer großen Pfanne erhitzen. Gemüse, Pilze und Sojasprossen darin ca. 2 Min. unter ständigem Rühren anbraten, mit 4 EL Sojasauce würzen, leicht salzen. Aus dem Wok nehmen und abkühlen lassen.

5. Gemüse, Fleisch-Garnelen-Mischung und Kräuter gut miteinander verrühren und nochmals abschmecken.

6. Die Ränder dünn mit Eiweiß bestreichen. Pro Frühlingsrolle 2 Teigblätter aufeinanderlegen. Je 1/8 der Gemüse-Fleisch-Füllung auf dem vorderen Drittel des Teigblattes verteilen. Die Ränder einschlagen, nochmals mit Eiweiß einstreichen und aufrollen. Die übrigen Teigblätter ebenso füllen und aufrollen. Mit Klarsichtfolie bedecken und 20 Min. kühl stellen.

7. Die Salatgurke waschen, schälen, halbieren, entkernen, in kleine Würfel schneiden und mit der Chilisauce vermengen. Den Weißkohl waschen, den Strunk entfernen und den Kohl in feine Streifen schneiden.

8. Das restliche Öl in Wok oder Pfanne erhitzen und die Frühlingsrollen darin von allen Seiten in ca. 10 Min. goldbraun braten. Auf Küchenpapier abtropfen lassen und mit den Chili-Gurken und dem Weißkohl servieren.

Die Füllung auf das vordere Drittel einer Teigecke platzieren (1); die Teigenden kuvertartig darüber einschlagen (2).

Bratheringe
in Weißwein-Gewürz-Sud mit frischem Dill

Für 4 Personen
Zubereitung: ca. 45 Min.
Kühlzeit: 12 Std.
Pro Portion: ca. 610 kcal

8 Heringe mit Haut (ausgenommen, ohne Flossen und Kopf, à 100 g)
2 große weiße Zwiebeln (350 g)
2 EL Zucker | 200 ml Branntweinessig
400 ml Fischbrühe (siehe Seite 14)
600 ml Wasser | 2 TL gelbe Senfkörner
10 Wacholderbeeren | 1 TL Anissamen
10 Pimentkörner | 3 TL grobes Meersalz
1 TL schwarze Pfefferkörner
3 Lorbeerblätter
2 EL Dinkelvollkornmehl (oder doppelgriffiges Mehl)
1 EL Stärke | Salz
schwarzer Pfeffer aus der Mühle
5 EL Butterschmalz | 1/2 Bund Dill

1. Die Heringe gründlich mit kaltem Wasser abbrausen, besonders den Bauchraum; mit Küchenpapier trockentupfen.

2. Die Zwiebeln abziehen, halbieren und in feine Streifen schneiden.

3. Den Zucker in einem großen Topf (24 cm Ø) hell karamellisieren, mit 50 ml Essig ablöschen und die Flüssigkeit vollständig einkochen lassen. Dann die Zwiebeln dazugeben, durchrühren und 10 Min. bei mittlerer Hitze dünsten.

4. Fischbrühe und Wasser dazugießen und aufkochen lassen. Senfkörner, Wacholder, Anis, Piment, Meersalz, Pfefferkörner und Lorbeer dazugeben und weitere 20 Min. bei geringer Hitze köcheln lassen. Den restlichen Essig dazugießen und den Topf vom Herd nehmen. Die Zwiebelringe sind jetzt schön weich.

5. Dinkelmehl und Stärke mischen. Die Heringe kräftig von innen und außen mit Salz und Pfeffer würzen und in der Mehl-Stärke-Mischung wenden, diese dabei gut andrücken.

6. Das Butterschmalz in einer großen Pfanne erhitzen und die Heringe darin von beiden Seiten insgesamt in ca. 10 Min. bei mittlerer Hitze goldbraun braten. Die Fische aus der Pfanne heben und auf Küchenpapier abtropfen lassen.

7. Einige der gekochten Zwiebeln in eine flache Auflaufform geben. Die heißen Heringe darauf legen und den Sud darüber gießen. Auskühlen lassen und mit Klarsichtfolie bedeckt über Nacht kühl stellen.

8. Vor dem Servieren den Dill waschen, trockenschütteln, die Spitzen abzupfen und mit einem scharfen Messer grob schneiden.

9. Die kalten Heringe aus der Marinade nehmen, auf Tellern anrichten, großzügig mit Zwiebeln belegen, mit Sud beträufeln und mit Dill bestreuen. Dazu am besten Butterkartoffeln reichen.

WICHTIGE GEWÜRZE

Piment

Lorbeer

Senfkörner

Matjesfilet
mit Senfgurken und Pfefferbohnen

Für 4 Personen
Zubereitung: ca. 30 Min.
Pro Portion: ca. 310 kcal

300 g grüne Bobbybohnen
Salz | 1 Zweig Dill
50 g Senfgurken (aus dem Glas)
2 EL Crème fraîche
2 EL Naturjoghurt
1 EL Milch
1 TL mittelscharfer Senf
1 EL Senfgurkenfond (aus dem Glas)
1/2 TL schwarze Pfefferkörner
1 kleine rote Zwiebel (70 g)
2 EL Butter
grober schwarzer Pfeffer
4 frische Matjes Doppelfilets (à 70 g)
4 Radieschen

1. Die Bohnen putzen, waschen, die Enden abknipsen und die Bohnen quer halbieren. Danach in kochendem Salzwasser etwa 10 Min. garen, eiskalt abschrecken und gut abtropfen lassen.

2. Inzwischen den Dill waschen, trockenschütteln, die Spitzen abzupfen und fein schneiden. Die Senfgurken fein würfeln. Crème fraîche, Joghurt, Milch, Senf und Gurkenfond glatt verrühren. Die Sauce mit den Gurken verrühren und mit Salz und Pfeffer abschmecken.

3. Die schwarzen Pfefferkörner am besten im Mörser grob zerstoßen. Die rote Zwiebel abziehen, in möglichst feine Ringe schneiden.

4. Die Butter in eine große Pfanne geben und die Bohnen darin erhitzen, einige Male durchschwenken und mit Salz und dem groben Pfeffer würzen.

5. Den Matjes portionsweise mit den Bohnen auf flachen Tellern anrichten, mit der Gurkensauce beträufeln und mit den Zwiebelringen belegen.

6. Die Radieschen waschen, mit dem Gemüsehobel fein schneiden, auf den Fischfilets anrichten und das Gericht servieren.

Der heiße Tipp

Diese Vorspeise am besten mit dunklem Bauernbrot mit Butter und frischem Schnittlauch servieren.

KOCHSCHULEN-KNOW-HOW PRODUKT

Matjes ist ein junger, noch nicht geschlechtsreifer, mild gesalzener Hering, dessen Fleisch besonders zart und gesund ist. Die traditionelle Matjessaison beginnt am 31. Mai und endet Anfang Juli. Mittlerweile wird Matjes auch ganzjährig angeboten.

Knusprige Jakobsmuscheln
mit Mango-Orangen-Chutney

Für 4 Personen
Zubereitung: ca. 35 Min.
Pro Portion: ca. 320 kcal

1/2 Zwiebel (50 g) | 2 Orangen
1/2 Mango (geschält 120 g)
1 EL Pflanzenöl
1 TL brauner Zucker
1 Msp. gelbe Currypaste (Asiamarkt)
100 ml Orangensaft
1 Prise grobes Meersalz
250 g saure Sahne
2 EL Milch | Salz
schwarzer Pfeffer aus der Mühle
1 Prise Zucker
2 kleine Romanasalat-Herzen (360 g)
12 küchenfertige Jakobsmuscheln
ohne Rogen (à 30 g)
4 EL japanisches Paniermehl (Asiamarkt)
2 EL Pflanzenöl

1. Die Zwiebel abziehen und fein würfeln. Die Orangen mit einem scharfen Messer so großzügig schälen, dass die weiße Haut mit entfernt wird. Die einzelnen Segmente aus den Trennhäuten herauslösen. Dann die Mango schälen, das Fruchtfleisch vom Kern abschneiden und klein würfeln.

2. Das Pflanzenöl in einem kleinen Topf (18 cm Ø) erhitzen und die Zwiebeln darin 3 Min. glasig dünsten; den braunen Zucker darüber streuen, die Currypaste einrühren und mit Orangensaft ablöschen.

3. Die Mangowürfel dazugeben, mit Meersalz würzen und 3 Min. bei schwacher Hitze köcheln lassen. Die Orangenfilets zufügen, nochmals aufkochen und das Chutney vom Herd nehmen (siehe Steps).

4. Saure Sahne und Milch glatt verrühren und mit Salz, Pfeffer und Zucker abschmecken. Den Romanasalat putzen, waschen und in feine Streifen schneiden.

5. Die Jakobsmuscheln von beiden Seiten mit Salz und Pfeffer würzen. Dann in Paniermehl wenden und dabei die Brösel gut andrücken.

6. Das Pflanzenöl in einer Pfanne erhitzen. Die Jakobsmuscheln hineinlegen und bei geringer Hitze von beiden Seiten insgesamt in ca. 8 Min. goldbraun braten.

7. Den Salat mit dem Dressing anmachen. Die Jakobsmuscheln sofort anrichten und mit dem Mango-Orangen-Chutney und dem Romanasalat servieren.

KOCHSCHULEN-KNOW-HOW PANADE

Durch das japanische Paniermehl werden die Jakobsmuscheln besonders knusprig. Japanisches Paniermehl ist grober in der Körnung und im Gegensatz zu dem bei uns gebräuchlichen ganz weiß.

Für das Chutney die Flüssigkeit fast vollständig einkochen lassen (1); dann erst die Orangenfilets dazugeben und vorsichtig darin wenden (2).

Gefüllte Windbeutel
mit Tunfisch und Frühlingszwiebeln

Für 4 Personen
Zubereitung: ca. 20 Min.
Pro Portion: ca. 290 kcal

Für 12 Windbeutel

1 Rezeptmenge Brandteig (siehe Seite 37)
2 Dosen Tunfisch im eigenen Saft (Abtropfgewicht à 150 g)
2 EL Gurkenwasser (aus dem Glas)
3 EL Crème fraîche
2 Frühlingszwiebeln (40 g)
2 Essiggurken (60 g) | Salz
schwarzer Pfeffer aus der Mühle

Außerdem

Spritzbeutel mit großer Lochtülle

1. Den Brandteig zubereiten, daraus Windbeutel formen und diese backen. Abkühlen lassen und quer halbieren, also Deckel abschneiden.

2. Den Tunfisch abtropfen lassen. Fisch, Gurkenwasser und Crème fraîche in ein hohes Gefäß geben und mit dem Stabmixer fein pürieren.

3. Die Frühlingszwiebeln waschen, putzen und in feine Röllchen schneiden. Dann die Gurken fein würfeln. Beide Zutaten mit der Tunfischcreme verrühren und mit Salz und Pfeffer würzen.

4. Die Tunfischcreme in den Spritzbeutel füllen und portionsweise auf den Windbeutel-Böden verteilen. Die Deckel draufsetzen und servieren.

Die heißen Tipps

• Sie können die Windbeutel in Papiermanschetten oder auf angemachten Blattsalaten servieren.

• Herzhafte Windbeutel füllen Sie z. B. mit Rucolafrischkäse, Kräuter- oder Paprikaquark. Süße schmecken u. a. mit Mascarponecreme (siehe Seite 82) oder Aprikosenquark.

Tomatenrisotto
mit gegrilltem Tintenfisch und Basilikum

Für 4 Personen
Zubereitung: ca. 40 Min.
Pro Portion: ca. 590 kcal

2 Schalotten (60 g)
2 kleine Knoblauchzehen
5 EL Olivenöl
250 g Risottoreis, z. B. Carnaroli-Rundkornreis
2 TL Tomatenmark
1 Lorbeerblatt
1 l heiße Gemüsebrühe (siehe Seite 13)
500 g küchenfertiger Tintenfisch (Zwerg-Sepia)
16 getrocknete Tomaten (Seite 32)
3 EL kalte Butter
2 Zweige Basilikum | Salz
schwarzer Pfeffer aus der Mühle
Cayennepfeffer

Außerdem
Grillpfanne

1. Schalotten und Knoblauch abziehen. Die Schalotten und 1 Knoblauchzehe fein würfeln, die 2. Zehe in dünne Scheiben schneiden und beiseite legen.

2. 2 EL Olivenöl in einem Topf (24 cm Ø) erhitzen und die Schalotten- und Knoblauchwürfel darin in ca. 3 Min. glasig dünsten. Risottoreis und Tomatenmark einrühren und weitere 3 Min. garen. Das Lorbeerblatt hineinlegen. Nach und nach immer so viel heiße Brühe dazugießen, dass der Reis nur leicht bedeckt ist. Bei geringer Hitze unter gelegentlichem Rühren ca. 18–20 Min. garen (siehe Steps).

3. Den Tintenfisch kalt abbrausen, trockentupfen und in mundgerechte Stücke schneiden. Die getrockneten Tomaten in Würfel schneiden. Die Butter klein würfeln. Das Basilikum waschen, trockenschütteln und die Blätter klein zupfen.

4. 3 EL Olivenöl in einer Grillpfanne erhitzen und die Fischstücke bei starker Hitze darin ca. 6 Min. braten; mit Salz und Pfeffer würzen. Zum Schluss 1 EL kalte Butterwürfel und die Knoblauchscheiben dazugeben. Dann die Pfanne vom Herd nehmen.

5. Die restliche kalte Butter nach und nach in das Risotto einrühren, mit Salz, Pfeffer und Cayennepfeffer abschmecken und mit Tomatenwürfeln und Basilikum verfeinern. Das Lorbeerblatt entfernen. Das Risotto mit dem gegrillten Tintenfisch samt Knoblauchbutter in vorgewärmten tiefen Tellern servieren.

KOCHSCHULEN-KNOW-HOW RISOTTO

- Das Risotto unbedingt mit heißer Brühe aufgießen, weil die Reiskörner dann optimal quellen; eine kalte Brühe hingegen würde den Garprozess mehrmals unterbrechen. Das Risotto ist perfekt, wenn es noch einen leichten Biss hat.
- Bei Risotto mit Fisch oder Meeresfrüchten verzichtet man auf Parmesan, da er einen zu strengen Eigengeschmack besitzt. Ins klassische Risotto hingegen rührt man ganz zum Schluss geriebenen Parmesan hinein – er sorgt für Bindung und einen kräftigen Geschmack.

Der heiße Tipp

Das Tomatenrisotto zum Schluss mit Tomatenöl (siehe Seite 33) beträufeln.

Zuerst die Schalotten glasig andünsten (1). Die heiße Brühe unter Rühren zugießen (2).

Muscheln im Safransud
mit gebratenem Fenchel

Für 4 Personen
Zubereitung: ca. 1 Std.
Pro Portion: ca. 300 kcal

1 kg Miesmuscheln (z. B. Buchot)
2 Knoblauchzehen
1/2 TL Fenchelsamen
150 ml Weißwein
50 ml Noilly Prat (Weißer Wermut)
1 Lorbeerblatt
2 Tomaten (200 g)
1 Schalotte (50 g)
6–8 Safranfäden
80 g kalte Butter
Meersalz, z. B. Fleur de sel
schwarzer Pfeffer aus der Mühle
Cayennepfeffer
1 große Fenchelknolle mit Grün (600 g)
2 EL Olivenöl
1/2 Bund glatte Petersilie

KOCHSCHULEN-KNOW-HOW PRODUKTE

• Den aromatischen Muschelsud auf jeden Fall durch ein feines Haarsieb abgießen, da dadurch evtl. Schmutzrückstände der Muscheln entfernt werden.
• Vorsicht beim Salzen: Da die Muscheln selber schon reichlich Salzwasser enthalten, erst ganz zum Schluss salzen. Am besten schmeckt natürlich feines Meersalz.
• Die Haut von Tomaten löst sich schneller ab, wenn Sie sie zunächst kreuzförmig einschneiden. Nach dem Überbrühen mit einer Schaumkelle aus dem Wasser heben und eiskalt abschrecken. Dann die Haut abziehen; dabei den Stielansatz entfernen.

1. Die Miesmuscheln unter fließendem kalten Wasser gründlich abbürsten und den Bart entfernen; bereits aufgesprungene Muscheln aussortieren.

2. Die Knoblauchzehe in der Schale mit dem Messerrücken oder Handinnenfläche andrücken.

3. Die Fenchelsamen im Mörser grob zerstoßen und in einem Topf (24 cm Ø) etwa 3 Min. ohne Fett rösten. Mit Weißwein und Noilly Prat ablöschen, Knoblauch und Lorbeerblatt einlegen und die tropfnassen Muscheln dazugeben.

4. Den Topf mit einem Deckel verschließen und etwa 4 Min. köcheln lassen; dabei mehrmals hin und her schütteln. Die Muscheln springen dabei durch die starke Hitzeeinwirkung auf. Sobald die Muscheln fertig sind, durch ein Sieb abgießen, dabei den Sud auffangen. Muscheln, die während des Kochens nicht aufgegangen sind, aussortieren und wegwerfen.

5. Inzwischen die Tomaten mit kochendem Wasser überbrühen und abziehen (siehe Kochschulen-Know-how), das Fruchtfleisch vierteln, entkernen, die Tomatenviertel mit einem Küchentuch trockentupfen und in kleine Würfel schneiden. (Tomatenreste z. B. für Tomatenöl, siehe Seite 33, weiterverarbeiten). Die Schalotte abziehen und fein würfeln.

6. 1 EL Butter (20 g) in einem kleinen Topf (20 cm Ø) erhitzen und die Schalotten darin in ca. 3 Min. glasig andünsten. Dann die Safranfäden dazugeben, mit 400 ml Muschelsud ablöschen und etwa 5 Min. einkochen lassen. Erst jetzt mit Meersalz, schwarzem Pfeffer und Cayennepfeffer abschmecken.

7. Die restliche Butter klein würfeln. Den Fenchel putzen, waschen, halbieren und den Strunk herausschneiden. Fenchelgrün abschneiden und beiseite stellen. Fenchel in dünne Streifen schneiden.

8. Olivenöl in einer großen Pfanne erhitzen und den Fenchel darin etwa 3 Min. braten. Dabei gelegentlich umrühren. Mit Salz und schwarzem Pfeffer würzen.

9. Petersilie und Fenchelgrün waschen, trockenschütteln, die Blättchen abzupfen und mit einem scharfen Messer grob schneiden.

10. Den Safransud in ein hohes Gefäß füllen, die kalten Butterwürfel dazugeben und mit dem Stabmixer schaumig aufschlagen. Den Sud über die Muscheln gießen, nochmals kurz aufkochen lassen, die Tomatenwürfel dazugeben und mit den gehackten Kräutern bestreuen.

11. Muscheln samt Sud und dem gebratenen Fenchel in tiefen vorgewärmten Tellern oder Schüsseln anrichten und servieren.

Kross gebratener Zander
mit Kartoffeln und Roter Bete

Für 4 Personen
Zubereitung: ca. 55 Min.
Pro Portion: ca. 710 kcal

1 Zwiebel (100 g) | 1 große Möhre (150 g)
1 Stück Knollensellerie (100 g)
1 Stück Lauch (50 g) | Salz | 3 EL Butter
200 g Champagnerlinsen
800 ml Gemüsebrühe (siehe Seite 13)
2 fest kochende Kartoffeln (à 100 g)
2 Rote Beten (à 100 g)
4 Zanderfilets ohne Haut (à 140 g) | Meersalz
schwarzer Pfeffer aus der Mühle
4 EL Olivenöl | 1/2 Bund glatte Petersilie
3 EL Aceto balsamico
1 TL mittelscharfer Senf

Für die Sauce

1 Schalotte (40 g)
3 EL kalte Butter, klein geschnitten
50 ml Weißwein
250 ml Fischbrühe (siehe Seite 14)
1 Lorbeerblatt | 100 g Sahne | Salz
schwarzer Pfeffer aus der Mühle
Cayennepfeffer

1. Die Zwiebel abziehen und fein würfeln. Möhre und Sellerie schälen, den Lauch putzen, alles waschen und fein würfeln. Möhre und Sellerie in kochendem Salzwasser 3 Min. garen. Danach den Lauch für weitere 2 Min. dazugeben. Alles eiskalt abschrecken und abtropfen lassen.

2. 1 EL Butter in einem Topf (24 cm Ø) erhitzen und die Zwiebeln darin in ca. 3 Min. glasig dünsten. Die Linsen zu den Zwiebeln geben, kurz durchschwenken und mit etwas Gemüsebrühe ablöschen. Offen etwa 30 Min. bei mittlerer Hitze köcheln, dabei nach und nach die restliche Brühe dazugießen.

3. Die restliche Butter klein würfeln und kalt stellen. Kartoffeln und Rote Beten waschen, schälen und in etwa 3 mm dicke Scheiben schneiden oder hobeln. Die Kartoffeln und rote Bete trockentupfen.

4. Den Zander kalt abbrausen, mit Küchenpapier trockentupfen und eventuelle Gräten entfernen. Jedes Filet halbieren und mit Meersalz und Pfeffer würzen. Vier Hälften mit den Rote-Bete-Scheiben schuppenartig belegen. Auf die anderen Zanderstücke die Kartoffelscheiben genauso legen und fest drücken.

5. Für die Sauce die Schalotte abziehen und fein würfeln. 1 EL Butter in einem kleinen Topf (20 cm Ø) erhitzen und die Schalottenwürfel darin in 3 Min. glasig andünsten. Mit Weißwein und Fischbrühe ablöschen, das Lorbeerblatt einlegen, aufkochen und etwa 7 Min. bei geringer Hitze köcheln lassen. Die Sahne dazugeben und weitere 3 Min. kochen. Das Lorbeerblatt entfernen, die Sauce mit Salz, Pfeffer und Cayennepfeffer abschmecken und mit dem Stabmixer pürieren. Dabei nach und nach 2 EL kalte Butterwürfel dazugeben.

6. Inzwischen das Olivenöl in einer großen Pfanne erhitzen und die Fischfilets darin auf der Belagseite etwa 6 Min. bei mittlerer Hitze braten. Dann vorsichtig wenden, die Pfanne vom Herd nehmen und die Filets weitere 2 Min. in der heißen Pfanne ziehen lassen.

7. Die Petersilie waschen, trockenschütteln, die Blätter abzupfen und einem scharfen Messer grob schneiden.

8. Die Linsen mit Salz, Pfeffer, Aceto balsamico und Senf abschmecken, das bunte Möhrengemüse sowie Petersilie und 2 EL Butterwürfel dazugeben und nochmals aufkochen lassen.

9. Den kross gebratenen Zander mit Linsengemüse und Fischsauce auf vorgewärmten Tellern anrichten und servieren.

Der heiße Tipp

Je nach Pfannengröße die Fischstücke nacheinander braten: zuerst diejenigen mit den Kartoffelscheiben und dann die Filets mit den Rote-Bete-Schuppen. Den fertig gebratenen Fisch im vorgeheizten Backofen bei 80 °C am besten zugedeckt warm stellen.

Filotarte
mit Lamm, Schafkäse und Rosinen

Für 4 Personen
Zubereitung: ca. 1 Std. 20 Min.
Backofenzeit: 20 Min.
Pro Portion: ca. 910 kcal

2 Zwiebeln (200 g)
1 Knoblauchzehe
600 g Lammhackfleisch
Salz | schwarzer Pfeffer aus der Mühle
2 EL Olivenöl
2 EL Tomatenmark
1 Dose stückige Tomaten (400 ml)
700 ml Wasser
1 Rezeptmenge Béchamelsauce
(siehe Seite 19)
150 g Schafkäse (Feta)
4 Zweige Thymian
Cayennepfeffer
2 Msp. gemahlener Kreuzkümmel
3 EL flüssige Butter zum Bestreichen
5 Blätter Filoteig, 35 x 45 cm
(in türkischen Läden erhältlich)
1 EL Rosinen
2 Prisen ungerösteten Sesam

Außerdem

Runde Backform, 26 cm Ø und
4 cm hoher Rand

1. Zwiebeln und Knoblauch abziehen und fein würfeln. Das Lammhackfleisch kräftig mit Salz und Pfeffer würzen.

2. Das Olivenöl in einem großen Topf (28 cm Ø) erhitzen und das Hackfleisch darin in ca. 6 Min. krümelig braten. Zwiebeln, Knoblauch und Tomatenmark dazugeben und weitere 6 Min. braten. Mit den Dosentomaten ablöschen, alles aufkochen und bei mittlerer Hitze etwa 1 Stunde köcheln lassen. Dabei nach und nach das Wasser dazugießen und nahezu vollständig einkochen lassen – die Sauce soll recht trocken sein.

3. Die Béchamelsauce zubereiten und abkühlen lassen.

4. Den Feta in kleine Stücke schneiden oder zwischen den Fingern zerbröseln. Die Thymianzweige waschen, trockenschütteln, die Blättchen abzupfen und mit einem scharfen Messer fein schneiden.

5. Die Hackfleischsauce mit Salz, Pfeffer, Cayennepfeffer, Kreuzkümmel und Thymian abschmecken und etwas abkühlen lassen.

6. Den Ofen auf 180 °C Umluft (200 °C Elektrohitze) vorheizen. Die Backform mit Butter ausstreichen; die Teigblätter auf einer Seite mit Butter bestreichen.

7. 3 Teigblätter als Boden übereinander in die Form legen, mit je 1/3 Hackfleischsauce und Béchamelsauce bestreichen, einige Rosinen und etwas Feta dazugeben und mit einem gebutterten Teigblatt belegen. Diesen Vorgang 2-mal wiederholen.

8. Die letzte Schicht Hackfleischsauce mit den überstehenden Teigblätterrändern verschließen, mit Butter bestreichen und mit Sesam bestreuen.

9. Die Filotarte etwa 20 Min. goldbraun backen. Dann herausnehmen und 5 Min. ruhen lassen. Die Filotarte portionsweise aufschneiden und servieren.

Die heißen Tipps

• Wer kein Lamm mag, kann auch gemischtes Hackfleisch verwenden.
• Je nach Geschmack passen angemachte Blattsalate, gekochte Kartoffeln oder Fladenbrot dazu.

Geschmorte Kaninchenkeulen
mit Artischocken und Chorizo

Für 4 Personen
Zubereitung: ca. 30 Min.
Backofenzeit: 40 Min.
Pro Portion: ca. 655 kcal

2 Zwiebeln (200 g)
2 Knoblauchzehen
1 Zweig Salbei
1/2 Bund glatte Petersilie
4 Kaninchenkeulen (à 240 g)
7 EL Olivenöl | 1 TL Tomatenmark
250 ml Weißwein
250 ml Geflügelbrühe (siehe Seite 12)
1 Zucchino (250 g) | Saft von 1 Zitrone
4 sehr große Artischocken (mit dickem Boden)
Salz | schwarzer Pfeffer aus der Mühle
50 g Chorizo (spanische scharfe Paprikawurst)
100 g schwarze Oliven ohne Stein
2 EL kalte Butter

Außerdem
Küchengarn

1. Zwiebeln und 1 Knoblauchzehe abziehen. Die Zwiebeln in ca. 1 cm dicke, den Knoblauch in dünne Scheiben schneiden. Die Kräuter waschen und trockenschütteln. Die Petersilienblätter abzupfen, grob schneiden und beiseite stellen, die Stängel und den Salbeizweig mit Küchengarn zusammenbinden.

2. Die Kaninchenkeulen waschen, trockentupfen, mit Salz und Pfeffer würzen. Den Backofen auf 170 °C Umluft (190 °C Elektrohitze) vorheizen.

3. 4 EL Olivenöl in einem großen Topf (28 cm Ø) erhitzen und die Kaninchenkeulen darin auf jeder Seite 2 Min. anbraten; dann herausnehmen. Zwiebeln und Knoblauch darin 5 Min. anbraten, das Tomatenmark weitere 3 Min. bei mittlerer Hitze mitrösten. Dann mit Weißwein ablöschen und alles etwas einkochen lassen. Die Kaninchenkeulen wieder hineinlegen, die Brühe aufgießen, das Kräuterbund dazugeben und aufkochen lassen. Zugedeckt im Ofen etwa 40 Min. schmoren.

4. Inzwischen den Zucchino putzen, waschen, der Länge nach vierteln und schräg in 1/2 cm dicke Scheiben schneiden. Die 2. Knoblauchzehe in der Schale mit dem Messerrücken oder der Handinnenseite andrücken.

5. Eine kleine Schüssel mit kaltem Wasser füllen, den Zitronensaft dazugeben.

6. Von den Artischocken die Stiele herausbrechen. Rund 2/3 der oberen Blätter mit dem Sägemesser abschneiden. Auch die verbleibenden Blätter rund um den Blütenbodenboden und das so genannte Heu entfernen. Jeden Artischockenboden sofort in Zitronenwasser legen, sonst verfärbt er sich unansehnlich. Danach abgießen, mit Küchenpapier trockentupfen und in dünne Scheiben schneiden (siehe dazu Seite 149).

7. 3 EL Olivenöl in einer großen Pfanne erhitzen und die klein geschnittenen Artischockenböden mit dem Knoblauch darin bei mittlerer Hitze ca. 3 Min. anbraten. Die Zucchinischeiben dazugeben, durchschwenken und weitere 6 Min. braten. Mit Salz und Pfeffer würzen.

8. Die Chorizo klein würfeln. Die Oliven halbieren. Die Kaninchenkeulen aus dem Ofen nehmen, Chorizo und Oliven dazugeben, kurz ziehen lassen, mit Salz und Pfeffer abschmecken und nochmals aufkochen lassen.

9. Währenddessen die kalte Butter klein würfeln, nach und nach zur Sauce geben und mit Petersilie verfeinern.

10. Die Kaninchenkeulen mit dem Artischockengemüse in vorgewärmten tiefen Tellern anrichten und mit Kartoffeln oder frischem Weißbrot servieren.

KOCHSCHULEN-KNOW-HOW PRODUKTE

• Kaninchenkeulen sollten nicht zu lange schmoren, da sie sehr schnell trocken werden.
• Wer das Gericht mit Hühnerkeulen (ohne Haut) zubereitet, trennt sie im Gelenk durch und bereitet sie wie oben beschrieben zu. Mit einer Gabel anstechen, um zu testen, ob das Fleisch schön weich und gar ist.

Gebratenes Rehschnitzel
mit Quitten und Pfifferlingen

Für 4 Personen
Zubereitung: ca. 50 Min.
Pro Portion: ca. 625 kcal

Für die Quitten

1 Birnenquitte (370 g)
Wasser und 1/2 Päckchen Knödelhilfe
4 EL Zucker
200 ml Weißwein | 200 ml Wasser
2 Nelken | 1/2 Zimtstange | 1 Lorbeerblatt

Für die Pfifferlinge

400 g Pfifferlinge | 1 Zwiebel (100 g)
2 1/2 EL Butter | 1 TL + 1 EL Mehl (Type 405)
300 ml Gemüsebrühe (siehe Seite 13)
300 g Sahne
1/2 Bund Schnittlauch
1/2 Bund glatte Petersilie
Salz | schwarzer Pfeffer aus der Mühle
8 Rehschnitzel aus der Keule (à 70 g)
gemahlenes Wildgewürz | 3 EL Pflanzenöl

Außerdem

Gefrierbeutel mit aufgetrennten Seitenrändern
Fleischklopfer

1. Die Quitte waschen, schälen (Schale aufbewahren!), vierteln und das Kerngehäuse entfernen. Die Frucht in 1/2 cm dicke Scheiben schneiden und in das Wasser mit Knödelhilfe legen – so verfärben sich die Fruchtstücke nicht.

2. Den Zucker in einem kleinen Topf (20 cm Ø) hellbraun karamellisieren, mit Weißwein und Wasser ablöschen, Nelken, Zimt, Lorbeer und Quittenschalen dazugeben. Den Fond etwa 10 Min. bei geringer Hitze köcheln lassen. Die Schalen entfernen. Nun die Quittenscheiben dazugeben und etwa 30 Min. weiter garen lassen.

3. Währenddessen die Pfifferlinge putzen und nur bei Bedarf vorsichtig waschen. Die Zwiebel abziehen und fein würfeln. 1/2 EL Butter und 1 TL Mehl miteinander verkneten.

4. 1 EL Butter in einem kleinen Topf (20 cm Ø) erhitzen und die Zwiebeln darin in 3 Min. glasig dünsten. Mit Brühe und Sahne ablöschen und aufkochen lassen. Die Mehl-Butter dazugeben, verrühren und 20 Min. bei geringer Hitze sämig einkochen lassen.

5. Inzwischen die Kräuter waschen und trockenschütteln. Die Petersilienblätter abzupfen und grob, den Schnittlauch in feine Röllchen schneiden. Die Kräuter zur Sauce geben und mit Salz und Pfeffer würzen.

6. 1 EL Butter in einer Pfanne erhitzen, die Pfifferlinge etwa 1 Min. anbraten, zur Sauce geben und 5 Min. ziehen lassen.

7. Die Rehschnitzel nacheinander zwischen die Gefrierbeutelhälften legen und flach klopfen. Das Fleisch von beiden Seiten mit Salz, Pfeffer und Wildgewürz bestreuen. Leicht in Mehl wenden und abklopfen.

8. Das Pflanzenöl in einer großen Pfanne erhitzen und das Fleisch von beiden Seiten insgesamt etwa 4 Min. braten.

9. Die Rehschnitzel mit der Sauce und den eingekochten Quitten auf vorgewärmten Tellern servieren. Als Beilage passt Rosenkohl.

Der heiße Tipp

600 g Rosenkohl putzen, die Röschen am Strunk kreuzförmig einschneiden und in kochendem Salzwasser je nach Größe etwa 10 Min. garen. Eiskalt abschrecken. 2 EL Butter in einem Topf oder einer Pfanne erhitzen, den Rosenkohl darin erwärmen und mit Salz und Pfeffer würzen.

FACHGERECHTE VORBEREITUNG EINER QUITTE

Entencurry
mit Blumenkohl und Thaibasilikum

Für 4 Personen
Zubereitung: ca. 30 Min.
Backofenzeit: 25 Min.
Pro Portion: ca. 1100 kcal

6 Zitronenblätter
1 TL Palmzucker (Asiamarkt)
2 TL rote Currypaste (Asiamarkt)
800 ml ungesüßte Kokosmilch
300 ml Geflügelbrühe (siehe Seite 12)
2 Entenbrüste (à 400 g) | Salz
6 EL Pflanzenöl | 1 kleiner Blumenkohl (700 g)
4 Frühlingszwiebeln (100 g)
100 g Zuckerschoten
100 g Babymaiskolben | 200 g Kirschtomaten
1 EL Austernsauce (Asiamarkt)
1 EL helle Sojasauce | 1 Spritzer Limettensaft
2 EL Fischsauce (Asiamarkt)
1/2 Bund Thaibasilikum (Asiamarkt)

1. Die Zitronenblätter waschen und in kleine Stücke zupfen.

2. Palmzucker und Currypaste in einem Topf (24 cm Ø) schmelzen und mit Kokosmilch ablöschen. Die Dosen mit der Geflügelbrühe ausschwenken, dazugießen und aufkochen lassen. Die Zitronenblätter einlegen und bei geringer Hitze etwa 20 Min. sämig einkochen.

3. Den Backofen auf 120 °C Umluft (140 °C Elektrohitze) vorheizen.

4. Währenddessen die Entenbrüste waschen, trockentupfen und die Fettschicht mit einem scharfen Messer kreuzförmig einritzen (dabei nicht ins Fleisch schneiden!). Von beiden Seiten salzen, mit der Hautseite nach unten in eine kalte Pfanne mit 2 EL Pflanzenöl legen und etwa 6 Min. bei mittlerer Hitze anbraten. Aus der Pfanne heben und auf dem Grillgitter mit der Hautseite nach oben im Backofen etwa 25 Min. fertig garen.

5. Inzwischen das Gemüse putzen und waschen. Den Blumenkohl vom Strunk befreien und in Röschen teilen. Die Frühlingszwiebeln längs halbieren und in etwa 5 cm lange Stücke schneiden. Zuckerschoten und Babymaiskolben schräg halbieren. Die Kirschtomaten vom Strunk befreien und halbieren.

6. 4 EL Pflanzenöl im Wok oder in einer großen Pfanne erhitzen, Blumenkohl und Mais bei starker Hitze etwa 4 Min. braten. Zuckerschoten und Frühlingszwiebeln dazugeben und weitere 3 Min. braten. Dabei ständig umrühren; mit Austern- und Sojasauce würzen.

7. Die fertige Currysauce mit 1 Spritzer Limettensaft und der Fischsauce abschmecken. Durch ein feines Sieb auf das Gemüse gießen. Die Kirschtomaten dazugeben, alles durchrühren und nochmals aufkochen lassen.

8. Das Thaibasilikum waschen, trockenschütteln und die Blätter abzupfen und zum Gemüsecurry geben.

9. Die Ente aus dem Ofen nehmen, kurz ruhen lassen, in dünne Scheiben schneiden und mit dem Gemüse servieren. Duftreis ist die ideale Beilage.

KOCHSCHULEN-KNOW-HOW ENTE

- Die Haut der Entenbrust wird noch knuspriger, wenn man sie für einige Min. (mittlere Einschubschiene) unter dem Grill oder bei starker Oberhitze bräunt.
- Beim Garen der Ente unbedingt als Auffanghilfe ein Blech unter das Gitter schieben. So bleibt der Ofen sauber.
- Achten Sie darauf, dass Sie für die angegebene Garzeit zwei große Entenbrüste à 400 g kaufen. Leichtere garen kürzer.

WICHTIGE WÜRZE FÜR THAI-CURRYS

Zitronenblätter

Currypaste

Palmzucker

Gebratene Kalbsleber
mit Rosa Beeren und Romanesco

Für 4 Personen
Zubereitung: ca. 40 Min.
Pro Portion: ca. 560 kcal

1 kleiner Romanesco-Kohl (geputzt etwa 400 g)
Salz
4 Scheiben Kalbsleber (à 160 g)
2 EL Mehl (Type 405)
3 EL Pflanzenöl
200 ml braune Kalbssauce (siehe Seite 16)
200 g Sahne
schwarzer Pfeffer aus der Mühle
2 TL Rosa Beeren
2 EL kalte Butter

1. Den Romanesco putzen, waschen und die Röschen abschneiden. In kochendem Salzwasser je nach Größe etwa 15 Min. weich kochen. Anschließend eiskalt abschrecken und abtropfen lassen.

2. Eventuelle Sehnen und Adern der Kalbsleber entfernen; das Fleisch in kleine, etwa 30 g schwere Scheiben schneiden. Von beiden Seiten in Mehl wenden und abklopfen (siehe Step 1).

3. Das Pflanzenöl in einer großen Pfanne erhitzen, die Leber hineinlegen, 2 Min. braten, wenden und noch 1 Min. garen. Erst jetzt salzen, aus der Pfanne nehmen und zur Seite stellen (siehe Step 2).

4. Das Bratfett abgießen. Die braune Kalbssauce mit der Sahne aufkochen und 5 Min. bei geringer Hitze sämig einkochen lassen. Mit Salz und Pfeffer abschmecken, mit Rosa Beeren verfeinern. Die Leber wieder einlegen und 2 Min. darin ziehen lassen.

5. Inzwischen die Butter in einem Topf aufschäumen lassen, den Romanesco darin erwärmen und nochmals mit Salz und Pfeffer abschmecken.

6. Leber, Sauce und Romanesco auf vorgewärmten Tellern anrichten und am besten mit Kartoffelpüree (siehe Seite 26) servieren.

KOCHSCHULEN-KNOW-HOW PRODUKTE

- Leber niemals vor, sondern immer erst nach dem Braten salzen, da sie sonst zäh und ledrig wird.
- Rosa Beeren sind süßlich-mild und gehören nicht zur Pfefferfamilie. Sie werden eingelegt oder getrocknet verkauft.

Leber vor dem Braten in Mehl wenden (1); dann die Leberstücke in heißem Fett kurz auf beiden Seiten braten (2).

Breite Nudeln mit Gulaschsauce,
frischem Majoran und Zitrone

Für 4 Personen
Zubereitung: ca. 45 Min.
Garzeit: 1 Std. 5 Min.
Pro Portion: ca. 980 kcal

Für die Gulasch-Sauce

5 Zwiebeln (500 g)
600 g Rindfleisch (Wade oder Schulter)
Salz | schwarzer Pfeffer aus der Mühle
1 EL Butter
3 EL Traubenkernöl
2 EL Tomatenmark
500 ml Rotwein
800 ml Rinderbrühe (siehe Seite 10)
1 TL Paprikapulver, rosenscharf

Für die Gewürzbutter

1 Zweig Majoran
1 kleine Knoblauchzehe
ca. 5 cm Bio-Zitronenschale
1/2 TL Kümmel
1 kleines Lorbeerblatt
2 Prisen grob gestoßener Pfeffer
2 EL kalte Butter
schwarzer Pfeffer aus der Mühle

Für die Nudeln

500 g breite Nudeln
Salz | 1 EL Butter

1. Die Zwiebeln abziehen und in etwa 1 cm große Würfel schneiden. Auch das Fleisch in etwa 1 cm große Stücke schneiden und mit Salz und Pfeffer würzen.

2. Die Butter und 2 EL Öl in einem großen Topf (28 cm Ø) erhitzen und die Zwiebeln darin bei geringer Hitze etwa 15 Min. andünsten.

3. Das restliche Öl in einer großen Pfanne erhitzen und das Fleisch darin scharf anbraten; zu den Zwiebeln geben und weitere 5 Min. braten. Dann das Tomatenmark hinzufügen, etwa 10 Min. bei mittlerer Hitze garen, mit einem Schuss Rotwein ablöschen und vollständig einkochen lassen. Noch 2-mal mit Wein übergießen und die Flüssigkeit einkochen lassen.

4. Die Rinderbrühe dazugießen, aufkochen und zugedeckt etwa 35 Min. bei geringer Hitze garen. Den Deckel vom Topf nehmen, Paprikapulver dazugeben und in weiteren 30 Min. sämig einkochen.

5. Für die Gewürzbutter den Majoran waschen, trockenschütteln und die Blättchen abzupfen. Den Knoblauch abziehen und zusammen mit Zitronenschale, Kümmel, Lorbeer, Pfeffer und der Butter möglichst fein zerkleinern; gut vermischen und kühl stellen.

6. Die Nudeln nach Packungsanleitung in reichlich Salzwasser kochen, abgießen (nicht abschrecken!) und zurück in den Topf geben, 1 EL Butter darin schmelzen lassen und leicht salzen.

7. Die Gulaschsauce mit der kalten Gewürzbutter verfeinern und mit Salz und Pfeffer abschmecken. Zusammen mit den Nudeln in vorgewärmten tiefen Tellern anrichten und servieren.

Der heiße Tipp

Sie können die Gulaschsauce auch mit gemischtem Hackfleisch zubereiten.

KOCHSCHULEN-KNOW-HOW PRODUKTE

- Für Gulasch eignen sich gut abgehangene Fleischstücke aus Wade oder Schulter, denn das marmorierte, das heißt von Fettadern durchwachsene Fleisch bleibt beim Braten saftig.
- Die Kräuter und Gewürze lassen sich mit Hilfe der kalten Butter gut schneiden. Sie gibt Bindung und verhindert, dass die Gewürze vom Brett springen.

Ossobuco vom Kalb mit Gremolata

Für 4 Personen
Zubereitung: ca. 35 Min.
Garzeit: 1 Std. 30 Min.
Pro Portion: ca. 500 kcal

2 Zwiebeln (200 g) | 1 Knoblauchzehe
4 Kalbsbeinscheiben (à 350 g)
Salz | schwarzer Pfeffer aus der Mühle
1 EL Mehl (Type 405) | 6 EL Olivenöl
2 EL Tomatenmark | 500 ml Roséwein
600 ml heiße Rinder- oder Gemüsebrühe (siehe Seite 10, 13)
2 Möhren (200 g)
1 Stück Knollensellerie (150 g)
1 Stück Lauch (80 g)
1/2 Bund glatte Petersilie
1 kleiner Zweig Salbei | 4 Zweige Thymian
1 Lorbeerblatt | 1 Msp. Cayennepfeffer

Für die Gremolata

1 kleine Knoblauchzehe
1 kleines Stück Staudensellerie (30 g)
5 cm langes Stück Bio-Zitronenschale
2 EL kalte Butter | Salz

Außerdem

Küchengarn | Backpapier

1. Zwiebeln und Knoblauchzehe abziehen. Zwiebeln halbieren und in ca. 1 cm große Würfel, den Knoblauch in Scheiben schneiden.

2. Die äußere Sehne des Fleisches 3- bis 4-mal leicht einritzen, damit es sich nicht zu stark wölbt. Von beiden Seiten mit Salz und Pfeffer würzen, mit Mehl bestäuben und etwas abklopfen. Das Olivenöl in einem großen Topf (28 cm Ø) erhitzen und das Fleisch darin von allen Seiten in ca. 5 Min. anbraten; dann aus dem Topf nehmen und zur Seite stellen.

3. Nun Zwiebeln und Knoblauch hineingeben und in etwa 5 Min. glasig dünsten; das Tomatenmark einrühren und weitere 5 Min. garen. Mit etwa 100 ml Roséwein ablöschen und vollständig einkochen lassen. Diesen Vorgang weitere 2-mal wiederholen.

4. Die Fleischscheiben wieder hineinlegen, den restlichen Wein dazugießen und zugedeckt bei geringer Hitze etwa 1 1/2 Stunden köcheln lassen. Dabei nach und nach die heiße Brühe dazugießen und gelegentlich umrühren.

5. Das Gemüse putzen, waschen, Möhren und Sellerie schälen und in etwa 1 cm große Stücke schneiden. Die Kräuter waschen und trockenschütteln. Die Petersilienblätter abzupfen und beiseite stellen. Die Stängel sowie Salbei- und Thymianzweige mit Küchengarn zusammenbinden. Möhren, Sellerie, Kräuterbund und Lorbeer nach etwa 45 Min. zum Ossobuco geben; den Lauch etwa 15 Min. vor Ende der Garzeit hinzufügen.

6. Den Backofen auf Grillfunktion oder starke Oberhitze aufheizen.

7. Inzwischen für die Gremolata die Knoblauchzehe abziehen, den Staudensellerie waschen, putzen und fein würfeln. Knoblauch, Zitronenschale, Petersilienblätter mit der Butter möglichst fein schneiden, leicht salzen und den Staudensellerie unterheben. Nun die Gremolata in Backpapier wickeln, zu einer Rolle drehen und kühl stellen.

8. Das Ossobuco mit Salz, Pfeffer und Cayennepfeffer abschmecken und den Kräuterbund entfernen. Das Fleisch mit Gemüse und Sauce auf einer Platte anrichten.

9. Zum Schluss die Gremolata in 8 Scheiben aufschneiden. Je 2 Scheiben auf die Fleischstücke legen und so lange im Ofen grillen, bis die Butter schmilzt. Dann sofort servieren.

Die heißen Tipps

- *Als Beilage eignen sich z. B. Polenta, Nudeln, Ofen- oder Salzkartoffeln oder Kartoffelpüree.*
- *Sie können Ossobuco auch von Rind- oder Lammfleisch zubereiten.*
- *Zusätzlich passen geschmolzene Kirschtomaten, siehe Seite 33.*

KOCHSCHULEN-KNOW-HOW BEINSCHEIBEN

Die Fleischstücke bereits nach einer »guten« Stunde mit der Fleischgabel anstechen, da sie unterschiedlich lang kochen müssen. Gares Fleisch soll weich sein und sich gut vom Knochen lösen.

Wiener Schnitzel
mit Kartoffel-Gurken-Salat

Für 4 Personen
Zubereitung: ca. 25 Min.
Pro Portion: ca. 640 kcal

1 Rezeptmenge Kartoffelsalat (siehe Seite 31)
1/2 Salatgurke (250 g)
8 Kalbsschnitzel, z. B. aus der Oberschale (à 60 g)
Salz | schwarzer Pfeffer aus der Mühle
5 Scheiben trockenes Toastbrot
2 Eier (M)
2 EL Sahne
2 EL Mehl (Type 405)
6–8 EL Butterschmalz
4 Stück Zitronenecken

Außerdem

Gefrierbeutel mit aufgetrennten Seitenrändern
Fleischklopfer

1. Den Kartoffelsalat zubereiten.

2. Die Gurke waschen, »streifig« schälen, d. h. im Wechsel die Schale entfernen und stehen lassen. Die Gurke der Länge nach halbieren, mit einem Teelöffel entkernen und die Fruchthälften in dünne Scheiben hobeln. Unter den Kartoffelsalat heben und ziehen lassen.

3. Jedes Schnitzel zwischen die Gefrierbeutelhälften legen, flach klopfen und von beiden Seiten mit Salz und Pfeffer würzen.

4. Für die Panade die Toastscheiben entrinden und in der Küchenmaschine fein zerreiben. Dann die Eier mit der Sahne verquirlen und leicht salzen.

5. Auf jeweils einen Teller Mehl, Eiermischung und Brösel verteilen. Die Schnitzel von beiden Seiten zuerst in Mehl, dann im Ei und zum Schluss in den Toastbröseln wenden. Diese etwas andrücken.

6. Etwa 4 EL Butterschmalz in einer großen Pfanne erhitzen. Die Hälfte der Schnitzel bei mittlerer Hitze von beiden Seiten in insgesamt ca. 6–7 Min. goldbraun braten. Auf Küchenpapier abtropfen lassen. Für die übrigen Fleischstücke weitere 4 EL Butterschmalz erhitzen.

7. Die Schnitzel mit Kartoffel-Gurken-Salat und Zitronenecken servieren.

Der heiße Tipp

Je nach Geschmack mit Preiselbeeren aus dem Glas servieren.

KOCHSCHULEN-KNOW-HOW PRODUKTE

- Die Brösel sind das A und O bei der Schnitzelzubereitung. Die selbst gemachten schmecken zwar am besten, aber Sie können auch fertige Semmelbrösel nehmen.
- Butterschmalz eignet sich besonders gut zum Braten, weil es sich gut erhitzen lässt und zusätzlich einen schönen Buttergeschmack hat.

VERSCHIEDENE FLEISCHSORTEN FÜR SCHNITZEL

Kalbsschnitzel

Schweineschnitzel

Putenschnitzel

Gekochter Tafelspitz mit Meerrettich-Kartoffeln

Für 4 Personen
Zubereitung: ca. 10 Min.
bzw. 3 Std. 15 Min.
Pro Portion: ca. 540 kcal

1 kg Tafelspitz (siehe Seite 10 – Rinderbrühe vom Tafelspitz)
1 Rezeptmenge Bouillonkartoffeln (siehe Seite 27)
100 g Sahne
1 EL Tafelmeerrettich (aus dem Glas)
Salz | schwarzer Pfeffer aus der Mühle

1. Den Tafelspitz zubereiten.

2. Die Bouillonkartoffeln fertig garen. Die Sahne dazugeben, nochmals aufkochen lassen, den Meerrettich hinzufügen und durchrühren. Mit Salz und Pfeffer abschmecken.

3. Den Tafelspitz gegen die Faser in etwa 1 cm dicke Scheiben schneiden und mit den cremigen Meerrettich-Kartoffeln servieren.

Der heiße Tipp

Preiselbeeren (aus dem Glas) und frisch gehobelter Meerrettich passen wunderbar zum Tafelspitz.

KOCHSCHULEN-KNOW-HOW FLEISCH

• Fleisch wird grundsätzlich gegen die Faser aufgeschnitten, damit es zart ist. Schneidet man das Fleisch hingegen mit der Faser, wird es zäh.
• Tafelspitz lässt sich auch – als schnellere und edlere Variante – aus Kalbfleisch zubereiten. Wer jedoch Brühe kochen will, nimmt dafür lieber das intensivere Rindfleisch.

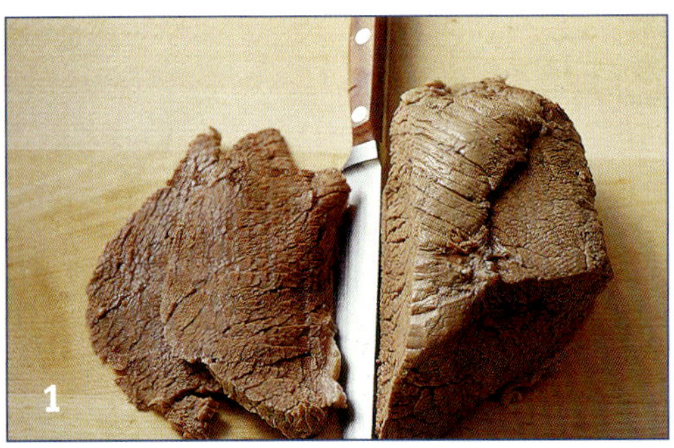

Falsch – hier wird mit der Faser geschnitten (1). Richtig – gegen die Faser aufschneiden (2).

Panna cotta mit Zitronengras und Limette

Für 4 Personen
Zubereitung: ca. 25 Min.
Kühlzeit: 2–3 Std.
Pro Portion: ca. 335 kcal

2 Blatt Gelatine
1 Stängel Zitronengras (30 g)
300 g Sahne
100 ml Milch
2 EL Zucker
abgeriebene Schale von 1 Bio-Limette
2 gelbe Pflaumen (200 g)
2 rote oder blaue Pflaumen (200 g)
1 EL Puderzucker
200 ml schwarzer Johannisbeernektar
+ 1 Schuss Johannisbeernektar
1 aufgeschnittene Vanilleschote
1/2 TL Speisestärke

Außerdem

4 Portionsförmchen à 100 ml Inhalt
Klarsichtfolie

1. Die Gelatine in kaltem Wasser einweichen.

2. Zitronengras am unteren dickeren Ende mit dem Messerrücken klopfen (damit sich die Aromen lösen) und in kleine Stücke schneiden.

3. Sahne, Milch, Zucker, Zitronengras und Limettenabrieb aufkochen und 5 Min. bei geringer Hitze ziehen lassen. Die gut ausgedrückte Gelatine in der heißen Flüssigkeit auflösen. Die Sahnemischung etwas abkühlen lassen, durch ein feines Sieb streichen, in Portionsformen füllen und mit Klarsichtfolie bedeckt 2–3 Std., besser noch über Nacht, kühl stellen.

4. Die Pflaumen waschen, halbieren, entsteinen und das Fruchtfleisch in mundgerechte Spalten schneiden.

5. Den Puderzucker in einer großen Pfanne hell karamellisieren und mit 200 ml Johannisbeernektar ablöschen. Die Vanilleschote dazugeben und die Flüssigkeit etwa 3 Min. einkochen lassen.

6. Die Speisestärke mit etwas Johannisbeernektar glatt rühren, in die kochende Flüssigkeit geben und weitere 3 Min. sämig einkochen lassen. Die Pflaumenspalten dazugeben, in der Sauce aufkochen und bei geringer Hitze in ca. 2 Min. weich kochen lassen.

7. Die Panna cotta stürzen und mit den lauwarmen Pflaumen anrichten.

Der heiße Tipp

Zitronengrasstängel lassen sich hervorragend einfrieren.

KOCHSCHULEN-KNOW-HOW PANNA COTTA

• Klassisch wird Panna cotta nur mit reiner Sahne und frischer Vanille zubereitet. Durch die Milch wird sie leichter und bekömmlicher.
• Damit sich Panna cotta gut stürzen lässt, tauchen Sie die Portionsformen kurz in heißes Wasser.

Pochierter Pfirsich
mit Grappa-Sabayon und Maracujasauce

Für 4 Personen
Zubereitung: ca. 30 Min.
Pro Portion: ca. 310 kcal

4 Pfirsiche | 120 g Zucker
500 ml Wasser
1/2 Vanilleschote (ausgekratzt)

Für die Maracujasauce

3 Stück Maracuja
4 EL Pfirsichfond (entsteht beim Pochieren der Pfirsiche)

Für die Sabayon

3 Eigelbe (M)
50 g Zucker
80 ml Weißwein
20 ml Grappa
Mark von 1/2 Vanilleschote
Puderzucker zum Bestäuben
einige Minzeblätter zur Dekoration

Außerdem

Bunsenbrenner

1. Die Pfirsiche waschen, mit dem Sparschäler schälen, halbieren und die Kerne herauslösen.

2. Pfirsichschalen, Zucker, Wasser und ausgekratzte Vanilleschote (das Mark wird für die Sabayon verwendet!) in einen Topf (24 cm Ø) geben, umrühren und etwa 10 Min. bei geringer Hitze köcheln. Die Schalen entfernen, die Pfirsichhälften einlegen und zugedeckt etwa 15 Min. ziehen lassen. Die Pfirsiche aus der Flüssigkeit heben und abkühlen lassen.

3. Währenddessen die Maracuja halbieren, das Fruchtfleisch vom Kern schneiden und mit den essbaren Kernen und 4 EL Pfirsichfond pürieren, dann zur Seite stellen.

4. Für die Sabayon Eigelbe und Zucker in einer Metallschüssel mit dem Schneebesen etwa 3 Min. schaumig aufschlagen. Weißwein, Grappa und Vanillemark dazugeben, verrühren und über dem heißen Wasserbad (siehe Kochschulen-Know-how) etwa 3 Min. unter ständigem Schlagen binden. Die Sabayon ist perfekt, wenn sie eine feste, cremige Konsistenz hat. Vom Wasserbad-Topf heben und etwa 3 Min. kalt schlagen.

5. Die Pfirsichhälften in Spalten schneiden.

6. Die Sabayon portionsweise auf vier Tellern verteilen, mit Pfirsichspalten belegen und mit ein wenig Puderzucker bestäuben und mit dem Bunsenbrenner hellbraun karamellisieren. Dann mit der Maracujasauce beträufeln, mit Minzeblättern dekorieren und sofort servieren.

KOCHSCHULEN-KNOW-HOW WASSERBAD

Für das Wasserbad einen mittelgroßen Topf etwa zur Hälfte mit Wasser füllen und dieses aufkochen lassen. Die Schüssel zum Aufschlagen des Sabayons sollte dabei nicht im Wasser stehen. Die Sabayon erwärmt sich aufgrund des aufsteigenden Dampfes so langsam und schonend, dass die Eigelbe die Flüssigkeit binden und die Sabayon fest wird.

Mini-Gewürzgugelhupf
mit Cranberries und Pecannüssen

Für 4 Personen
Zubereitung: ca. 25 Min.
Backofenzeit: 17 Min.
Pro Portion: ca. 515 kcal

40 g Pecannusskerne (oder Walnusskerne)
50 g getrocknete Cranberries
40 g gemahlene Haselnüsse
1 EL Mehl (20 g) | 1 EL Speisestärke (20 g)
1/2 TL Backpulver | 1 Msp. gemahlener Zimt
1 Msp. gemahlenes Lebkuchengewürz
1 Prise Salz
1 Msp. abgeriebene Bio-Orangenschale
80 g Puderzucker
80 g weiche Butter
1 Eigelb (M) | 1 Ei (M)
Butter und Semmelbrösel für die Backformen
Puderzucker zum Bestäuben

Außerdem

Spritzbeutel mit großer Lochtülle
4 Mini-Gugelhupf-Backformen

1. Den Backofen auf 170 °C Umluft (190 °C Elektrohitze) vorheizen.

2. Pecannusskerne und Cranberries grob zerkleinern. Haselnüsse, Mehl, Stärke, Backpulver, Zimt, Lebkuchengewürz, Salz und Orangenschale vermischen.

3. Den Puderzucker sieben, unter die weiche Butter ziehen und mit den Quirlen des Handrührgeräts etwa 10 Min. schaumig aufschlagen. Eigelb und Ei nacheinander einrühren. Dann die Mehl-Gewürz-Mischung, Pecannüsse und Cranberries unter die Masse ziehen und alles in den Spritzbeutel füllen.

4. Die Backformen mit Butter fetten, leicht mit Semmelbrösel ausstreuen. Den Teig portionsweise einfüllen, die Oberflächen glatt streichen und im Backofen etwa 17 Min. backen.

5. Die Kuchen aus dem Ofen nehmen, auskühlen lassen und auf die Teller stürzen. Mit Puderzucker bestäuben und am besten mit Vanilleeis und Punschsauce (siehe Tipp) servieren.

Der heiße Tipp

Für die Punschsauce 2 EL braunen Zucker in einem kleinen Topf (18 cm Ø) hellbraun karamellisieren, mit 150 ml Orangensaft ablöschen und 5 Min. bei geringer Hitze köcheln lassen. Dann 100 ml Rotwein, 1 Sternanis, 1 Msp. gemahlenem Zimt und etwas frisch geriebene Muskatnuss dazugeben. 1/2 TL Speisestärke mit 1 EL Orangenlikör anrühren, in die kochende Flüssigkeit rühren und weitere 5 Min. köcheln lassen. Die Flüssigkeit durch ein feines Sieb gießen, etwas auskühlen lassen und zum Gewürzgugelhupf servieren.

KLASSISCHE BESTANDTEILE VON LEBKUCHENGEWÜRZ

Sternanis

Macisblüte

Zimtstange

Großmutters Dampfnudeln mit Vanillesauce

Für 4 Personen
Zubereitung: ca. 45 Min.
bzw. 1 Std. 10 Min.
Pro Portion: ca. 1250 kcal

Für 8 Stück

1 Rezeptmenge Hefeteig (siehe Seite 34)

80 g Butterschmalz | 400 ml Wasser

1 Prise Salz | Mehl für die Arbeitsfläche

Für die Vanillesauce

1 Vanilleschote | 600 ml Milch

6 Eigelbe (M) | 80 g Zucker

1 Msp. gemahlener Zimt

Außerdem

»Gummimambo«

1. Den Hefeteig zubereiten. Den fertigen Hefeteig auf einer bemehlten Arbeitsfläche nochmals durchkneten, in 8 gleich große Stücke teilen und zu Kugeln formen.

2. Einen großen Topf (28 cm Ø) mit Butterschmalz ausstreichen und 400 ml lauwarmes Wasser mit 1 Prise Salz hineingießen.

3. Die Hefeteigkugeln nebeneinander in den Topf legen, erst mit einem Tuch abdecken und dann mit dem Deckel verschließen. Die Teigkugeln etwa 40 Min. bei mittlerer Hitze auf dem Herd garen; kurz stehen lassen und dann Deckel und Tuch abnehmen.

4. Inzwischen die Vanillesauce zubereiten: Dafür die Vanilleschote längs aufschneiden und das Mark herausschaben. Mark und Schote in die Milch geben und aufkochen lassen.

5. Eigelbe und Zucker in einer Metallschüssel (runder Boden/Schlagkessel) mit einem Schneebesen glatt verrühren.

6. Die heiße Milch langsam in die Eigelb-Zucker-Mischung rühren.

7. Die Mischung über dem heißen Wasserbad zur »Rose« abziehen, d. h. am besten mit einem »Gummimambo« unter ständigem Rühren binden – dieser Vorgang dauert etwa 10 bis 15 Min.

8. Die Sauce mit Zimt verfeinern und durch ein feines Sieb gießen. Am besten schmeckt die Sauce lauwarm.

Variante

Wem die Zubereitung von Dampfnudeln zu schwierig erscheint, kann sich an »Rohrnudeln mit Zwetschgen« probieren. Den fertigen Hefeteig in 12 gleich große Stücke teilen, mit dem Nudelholz auf einer bemehlten Arbeitsfläche dünn ausrollen und mit je 2 entkernten Zwetschgen belegen. 3 EL Zucker und 1 TL Zimt mischen, darüber streuen und den Teig verschließen.
Eine ofenfeste Form (35 x 25 cm) mit reichlich Butterschmalz fetten und mit etwa 3 TL Zucker bestreuen. Die Rohrnudeln mit der »Verschlussseite« nach unten in die Form setzen und im vorgeheizten Backofen bei 170 °C Umluft (190 °C Elektrohitze) 25–30 Min. goldbraun backen.

KOCHSCHULEN-KNOW-HOW DAMPFNUDELN UND ZUR ROSE ABZIEHEN

• Die Dampfnudeln sind perfekt, wenn sie schön aufgegangen sind und am Boden eine goldbraune Kruste haben.
• Die Oberfläche der fertigen Dampfnudeln mit einem Holzspieß anstechen, so bleiben sie schön in Form und fallen nicht zusammen.
• Der Topf wird mit einem Tuch bedeckt, um das Kondenswasser aufzusaugen, das andernfalls auf die Dampfnudeln tropft. Sie würden dadurch leichter zusammenfallen.
• Vorsicht: Ist das Wasserbad für die Vanillesauce zu heiß kann sie leicht gerinnen.
• Zur Rose abziehen: Dieser Vorgang beschreibt das Binden von Cremes und Saucen mit Eigelben. Im genannten Beispiel werden Milch, Eigelbe und Zucker über dem heißen Wasserbad mit einem »Gummimambo« so lange gerührt, bis sie eine dickflüssige, sämige Konsistenz erreicht hat. Taucht man dann einen Holzlöffel hinein und pustet auf den Löffelrücken, entsteht im Idealfall ein blumenähnliches, blättriges Gebilde – das Zeichen für die perfekte Konsistenz.

4 Edles & Feines

Tunfischtatar
mit Artischocken und Limettensauce

Für 4 Personen
Zubereitung: ca. 35 Min.
Pro Portion: ca. 380 kcal

400 g Tunfisch in Sushi-Qualität (aus dem Mittelstück)
1 TL Kapern
1 kleine weiße Zwiebel (60 g)
1/2 TL Tafel-Meerrettich (aus dem Glas)
Meersalz, z. B. Fleur de Sel
schwarzer Pfeffer aus der Mühle
Cayennepfeffer
2 große Artischocken (mit dickem Boden)
Saft von 1 Zitrone
50 g Castelfranco-Salat (Frisée, Lollo bianco oder Feldsalat)
2 Stangen Frühlingszwiebeln (40 g)
500 g Frittierfett | Salz
2 EL hochwertiges Olivenöl

Für die Limettensauce
2 EL Crème fraîche
4 EL Milch
1 EL Limettensaft | Salz
schwarzer Pfeffer aus der Mühle
Cayennepfeffer
2 Prisen Zucker

1. Den Tunfisch möglichst klein würfeln, die Kapern fein schneiden. Die Zwiebel abziehen und sehr fein würfeln. Zwiebeln, Tunfisch, Kapern und Meerrettich verrühren und mit Meersalz, Pfeffer und Cayennepfeffer würzen.

2. Die Artischocken waschen, die Stiele herausbrechen. Rund 2/3 der oberen Blätter mit dem Sägemesser abschneiden. Auch die verbleibenden Blätter rund um den Blütenboden und das so genannte Heu entfernen. Jeden Artischockenboden sofort in kaltes Zitronenwasser legen, sonst verfärbt er sich (siehe Step 1). Danach abgießen, mit Küchenpapier trockentupfen und in dünne Scheiben schneiden.

3. Den Castelfranco putzen, in mundgerechte Stücke zupfen, waschen und trockenschleudern. Die Frühlingszwiebeln putzen, waschen, in feine Streifen schneiden und bis zur Weiterverarbeitung in kaltes Wasser legen.

4. Für die Sauce Crème fraîche, Milch und Limettensaft glatt verrühren und mit Salz, Pfeffer, Cayennepfeffer und Zucker abschmecken.

5. Das Frittierfett in einem kleinen, hohen Topf oder einer Fritteuse erhitzen und die Artischocken portionsweise etwa 2–3 Min. goldbraun frittieren (siehe Step 2). Herausheben, auf Küchenpapier abtropfen lassen und gleich salzen.

6. Die Frühlingszwiebeln mit Küchenpapier trocknen.

7. Das Tunfischtatar auf flachen Tellern mit Frühlingszwiebeln, Artischocken und Salatblättern anrichten. Mit der Limettensauce und mit einigen Tropfen Olivenöl beträufeln und servieren.

Die heißen Tipps

- *Für Tatar muss der Fisch oder das Fleisch absolut frisch sein.*
- *Statt mit Tunfisch schmeckt diese Vorspeise auch mit Lachs oder Rinderfilet hervorragend.*

Um das Verfärben zu vermeiden, die geputzten Artischocken sofort in Zitronenwasser legen (1). Die Artischocken im heißen Fett frittieren (2).

Gebackene Austern
mit rotem Zwiebelconfit

Für 4 Personen
Zubereitung: ca. 50 Min.
Pro Portion: ca. 140 kcal

2 rote Zwiebeln (250 g)
2 EL Zucker
100 ml Himbeeressig
100 ml Gemüsebrühe (siehe Seite 13)
1 Prise getrockneter Estragon oder
2 frische Estragonblätter
Salz | schwarzer Pfeffer aus der Mühle
24 Felsenaustern, z. B. Fines de Claires
500 g Frittierfett

Für den Teig

20 g Tempuramehl (Asiamarkt)
30 ml Austernwasser (beim Öffnen der Austern auffangen)
1 TL Pflanzenöl
Meersalz, z. B. Fleur de Sel
1 Msp. Cayennepfeffer

1. Die Zwiebeln abziehen und fein würfeln. Den Zucker in einem kleinen Topf (18 cm Ø) hell karamellisieren, dann mit dem Himbeeressig ablöschen. Zwiebeln und Gemüsebrühe dazugeben und etwa 35 Min. bei geringer Hitze weich kochen. Das Zwiebelconfit mit Estragon, Salz und Pfeffer abschmecken und abkühlen lassen.

2. Die Austernschalen öffnen und die Flüssigkeit durch ein feines Sieb auffangen. Die Austern auslösen, von eventuellen Schalenresten befreien und mit Küchenpapier trockentupfen. Tiefe Austernschalen gründlich waschen und mit Zwiebelconfit füllen.

3. Für den Teig das Tempuramehl mit Austernwasser und Pflanzenöl verrühren, mit Meersalz und Cayennepfeffer würzen und 10 Min. quellen lassen.

4. Das Frittierfett in einem kleinen hohen Topf oder einer Friteuse erhitzen. Die Austern in den Teig tauchen, nach und nach ins heiße Fett geben und etwa 1 Min. goldbraun backen. Herausheben und auf Küchenpapier abtropfen lassen.

5. Die gebackenen Austern auf dem Zwiebelconfit anrichten, mit Pfeffer würzen und sofort servieren. Zum Anrichten gibt es z. B. spezielle Austernteller; oder die gefüllten Austernschalen auf grobes Meersalz setzen.

KOCHSCHULEN-KNOW-HOW AUSTERN

- Achten Sie darauf, dass Sie nur fest geschlossene Austern kaufen.
- Vorsicht beim Öffnen der Schalen, denn ein Messer kann leicht abrutschen! Um sich nicht zu verletzen, verwenden Sie ein spezielles Austernmesser und einen Austernhandschuh. Oder Sie wickeln ein Handtuch um die Hand, um sich vor Verletzungen zu schützen.
- Nach dem Öffnen testen, ob die Austern gut sind, d. h. angenehm nach frischem Meerwasser duften. Schlechte Austern riechen muffig.

Räucherlachsmousse
mit grünem Spargel und Radieschensprossen

Für 4 Personen
Zubereitung: ca. 40 Min.
Kühlzeit: 2–3 Std.
Pro Portion: ca. 415 kcal

3 Blatt Gelatine
100 ml Fischbrühe (siehe Seite 14)
150 g Räucherlachsscheiben (Kühlregal)
100 g Sahne
100 g Crème fraîche
Cayennepfeffer

Für die Marinade

4 EL Weißweinessig, z. B. Aceto bianco
1 TL Zucker | Salz
schwarzer Pfeffer aus der Mühle
6 EL Olivenöl
500 g grüner Spargel
40 g Radieschensprossen (Reformhaus)

Außerdem

1 Form mit 450 g Füllmenge
Klarsichtfolie

1. Die Gelatine in kaltem Wasser einweichen und dann gut ausdrücken. In lauwarmer Fischbrühe auflösen; abkühlen lassen.

2. Den Räucherlachs würfeln und in der Küchenmaschine mit 50 g Sahne möglichst fein pürieren; in eine Schüssel füllen. Die restliche Sahne mit der Crème fraîche steif aufschlagen.

3. Den erkalteten Fischfond nach und nach unter die Räucherlachsmasse rühren und durch ein grobmaschiges Sieb streichen. Dann die aufgeschlagene Sahnecreme vorsichtig unterheben und die Masse mit Cayennepfeffer pikant abschmecken.

4. Die Form mit kaltem Wasser ausspülen und mit Klarsichtfolie so auslegen, dass die Ränder überstehen. Die Masse einfüllen, glatt streichen und mit den Folienrändern verschließen. Für etwa 2–3 Std., besser über Nacht, kühl stellen.

5. Für die Marinade Essig und Zucker verrühren, mit Salz und Pfeffer würzen, kurz stehen lassen und dann 4 EL Olivenöl einrühren.

6. Das untere Drittel des Spargels schälen, die holzige Enden abschneiden und die Stangen schräg in ca. 1 cm dicke Scheiben schneiden.

7. Das restliche Olivenöl in einer großen Pfanne erhitzen und den Spargel darin ca. 3 Min. braten; mit Salz und Pfeffer würzen. Dann in die Marinade geben und kurz ziehen lassen.

8. Die Räucherlachsmousse aus der Form stürzen, die Folie abziehen und die Mousse in etwa 2 cm dicke Scheiben aufschneiden. Zusammen mit dem Spargelsalat auf vier Tellern verteilen, mit Radieschensprossen belegen und mit gerösteten Toastbrotscheiben servieren.

Die heißen Tipps

• Aus zwei Scheiben Toastbrot vier dünne schneiden, diese diagonal halbieren und mit 1 EL Butter in einer heißen Pfanne in insgesamt 2 Min. goldbraun braten. Auf Küchenpapier abtropfen lassen und mit der Räucherlachsmousse servieren.

• Sie können zusätzlich ein kleines Salatbouquet (insgesamt etwa 40 g) servieren, z. B. Feldsalat oder Novella (italienische junge Salatspitzen).

KOCHSCHULEN-KNOW-HOW RÄUCHERFISCH

Da Räucherfisch meist salzig ist, sollten Sie mit dem Salzen vorsichtig sein.

Gedämpfter Seeteufel
mit Avocado, Gurken und Brunnenkresse

Für 4 Personen
Zubereitung: ca. 35 Min.
Pro Portion: ca. 250 kcal

Für den Salat

200 g Kirschtomaten
1 TL Zitronensaft
2 EL Weißweinessig
2 TL Zucker | Salz
schwarzer Pfeffer aus der Mühle
2 EL Olivenöl
1/2 Salatgurke (200 g)
1 reife Avocado (280 g)
1 Bund Brunnenkresse
(gezupft etwa 100 g)
4 TL Tobikko (Fliegenfischeier)
Meersalz, z. B. Fleur de Sel

Für den Seeteufel

500 g Seeteufelfilet
Meersalz, z. B. Fleur de Sel
schwarzer Pfeffer aus der Mühle
2 TL Korianderkörner
1 TL gelbe Senfkörner
2 Lorbeerblätter
1 TL Fenchelsamen
2 Nelken
5 Wacholderbeeren
1 TL schwarze Pfefferkörner

Außerdem

Asiatischer Dämpfkorb
(oder ein Dämpfeinsatz)

1. Die Kirschtomaten vom Strunk befreien, waschen, in kochendes Wasser geben, bis sich die Haut zu lösen beginnt, dann eiskalt abschrecken, häuten, vierteln und entkernen.

2. Für die Marinade Zitronensaft, Essig, 2 EL Wasser, Zucker, Salz und Pfeffer verrühren, kurz stehen lassen und dann erst das Olivenöl einrühren.

3. Gurke und Avocado schälen. Die Gurke der Länge nach halbieren und entkernen. Gurken- und Avocadofleisch in kleine Würfel oder 1/2 cm dicke Scheiben schneiden und in die Marinade legen.

4. Die Brunnenkresse waschen, trockentupfen und die Stiele abschneiden.

5. Den Seeteufel kalt abbrausen und mit Küchenpapier trockentupfen. Die Haut und schwarze, tranige Stellen entfernen. Den Fisch in etwa 30 g schwere Stücke schneiden und mit Meersalz und Pfeffer würzen.

6. Sämtliche Gewürze im Mörser grob zerstoßen.

7. Etwa 1/2 l Wasser in einem für den Dampfeinsatz passenden Topf erhitzen, die Gewürze dazugeben und 5 Min. ziehen lassen. Jetzt die Fischstücke in den Dampfeinsatz legen und diesen zugedeckt in den Topf stellen; etwa 6 Min. bei mittlerer Hitze garen lassen.

8. Kirschtomaten und Brunnenkresse vorsichtig unter den Gurken-Avocado-Salat heben und nochmals mit Salz und Pfeffer abschmecken.

9. Salat und Seeteufel auf Tellern anrichten, den Seeteufel mit Tobikko belegen und mit Meersalz bestreuen.

Der heiße Tipp

Tobikko können Sie auch durch Lachs- oder Forellenkaviar ersetzen.

KOCHSCHULEN-KNOW-HOW DAMPFGAREN

Durch den Gewürzdampf ziehen die Aromen ganz zart in das Seeteufelfleisch. So lassen sich z. B. auch Rinderfilet, Garnelen oder Hühnerbrust dämpfen.

Selleriecremesuppe
mit Curry und geräucherter Gänsebrust

Für 4 Personen
Zubereitung: ca. 45 Min.
Pro Portion: ca. 385 kcal

320 g Knollensellerie (geputzt etwa 240 g)
150 g Petersiliewurzel (geputzt etwa 120 g)
1 kleine weiße Zwiebel (70 g)
2 EL Butter
800 ml Geflügel- oder Gemüsebrühe (siehe Seite 12 und 13)
40 g geräucherte Gänsebrust
300 g Sahne
Meersalz, z. B. Fleur de Sel
schwarzer Pfeffer aus der Mühle
Cayennepfeffer
1 Msp. Currypulver
frisch geriebene Muskatnuss

1. Knollensellerie und Petersilienwurzel waschen und schälen; die Zwiebel abziehen. Alles klein würfeln.

2. Die Butter in einem Topf (24 cm Ø) erhitzen und die Zwiebeln darin etwa 3 Min. glasig dünsten. Sellerie- und Petersilienwurzel dazugeben und weitere 5 Min. anschwitzen. Die Brühe aufgießen, aufkochen und offen etwa 25 Min. bei geringer Hitze ziehen lassen.

3. Den Fettrand der Gänsebrust entfernen. Das Fleisch in mundgerechte Stücke schneiden.

4. Die Sahne zur Suppe geben, weitere 5 Min. köcheln lassen und mit dem Stabmixer fein pürieren. Aufkochen lassen und mit Meersalz, Pfeffer, Cayennepfeffer, Curry und Muskatnuss abschmecken.

5. Die cremige Suppe in vorgewärmten, tiefen Tellern anrichten, mit der Gänsebrust und frittierten Chips (siehe »Die heißen Tipps«) servieren.

Die heißen Tipps

- *Nehmen Sie als zusätzliche Einlage und zur Dekoration 2 kleine Petersilienwurzeln: Diese waschen, schälen und mit dem Sparschäler in feine Streifen oder mit dem Gemüsehobel in dünne Scheiben schneiden. Etwa 500 g Frittierfett in einem kleinen Topf oder einer Fritteuse erhitzen. Die Petersilien-Chips darin in 2–3 Min. goldbraun backen. Auf Küchenpapier entfetten, leicht salzen und zur Suppe geben.*
- *Gekochte und geräucherte Entenbrust schmeckt etwas milder als Gänsebrust.*

KOCHSCHULEN-KNOW-HOW CREMESUPPE
Die Suppe nach dem Pürieren durch ein feines Sieb streichen, dann wird sie noch feiner im Geschmack.

Sauerampfersuppe
mit gebackenem Kalbsbries

Für 4 Personen
Zubereitung: ca. 40 Min.
Pro Portion: ca. 510 kcal

Für das Kalbsbries

200 g Kalbsbries (beim Metzger vorbestellen)
Salz | schwarzer Pfeffer aus der Mühle
1 Ei (M) | 1 EL Sahne
2 Scheiben trockenes Toastbrot
1 EL Mehl (Type 405)
3 EL Butterschmalz

Für die Suppe

100 g Champignons
1 Schalotte (30 g)
3 EL Butter | 1 EL Mehl (Type 405)
700 ml Gemüsebrühe (siehe Seite 13)
300 g Sahne | Salz
schwarzer Pfeffer aus der Mühle
Cayennepfeffer
1 Prise Zucker
frisch geriebene Muskatnuss
50 g Sauerampfer
50 ml eiskaltes Wasser

1. Das Kalbsbries von groben Sehnen befreien und in kaltes Wasser legen. Dieses mehrmals wechseln.

2. Für die Suppe die Champignons putzen und in dünne Blättchen schneiden. Die Schalotte abziehen und fein würfeln.

3. 2 EL Butter in einem Topf (24 cm Ø) erhitzen und die Schalotten darin 3 Min. glasig anschwitzen. Die Champignons dazugeben und weitere 2 Min. ohne Farbe dünsten. Mit Mehl bestäuben, kurz durchrühren und mit Gemüsebrühe ablöschen. Die Suppe aufkochen und offen etwa 20 Min. bei geringer Hitze köcheln lassen. Dann die Sahne dazugeben und nochmals aufkochen. Mit Salz, Pfeffer, Cayennepfeffer, Zucker und Muskatnuss abschmecken.

4. Inzwischen das gewässerte Kalbsbries mit Küchenpapier trockentupfen, in ca. 1 1/2 cm dicke Scheiben schneiden und mit Salz und Pfeffer würzen.

5. Für eine Panade das Ei mit Sahne verrühren; das Toastbrot entrinden und in der Küchenmaschine möglichst fein reiben. Die Briesscheiben nacheinander erst in Mehl wenden, dann durch die Eiermischung ziehen und zum Schluss in den Bröseln wälzen.

6. Den Sauerampfer waschen, putzen und Stiele entfernen. 2–3 Blätter zur Dekoration in möglichst feine Streifen schneiden. Die anderen Blätter mit etwa 50 ml eiskaltem Wasser in einem hohen Gefäß mit dem Stabmixer pürieren.

7. Das Butterschmalz in einer großen Pfanne erhitzen und das Kalbsbries auf einer Seite etwa 3 Min. braten, wenden und in weiteren 2 Min. goldbraun und knusprig garen. Herausheben, auf Küchenpapier abtropfen lassen und in mundgerechte Stücke schneiden. Sauerampferpüree mit 1 EL Butter in die kochende Suppe geben und mit dem Stabmixer fein aufmixen.

8. Die Suppe in vorgewärmten tiefen Tellern anrichten, das Kalbsbries hineinlegen und mit Sauerampferstreifen dekoriert servieren.

KOCHSCHULEN-KNOW-HOW

Kalbsbries so lange wässern, bis es frei von Blutresten und ganz hell ist.

Der heiße Tipp

Die Suppe können Sie z. B. mit Kräutern wie Dill, Petersilie, Basilikum, Kerbel oder Brunnenkresse verfeinern. Entweder verwenden Sie nur eines davon oder Sie nehmen alle. Kräuter grundsätzlich zum Schluss einpürieren – so bleiben Farbe und Inhaltsstoffe besser erhalten.

Ravioli mit Forelle, Flusskrebsen
und Roter-Bete-Sauce

Für 4 Personen, für 32 Ravioli
Zubereitung: ca. 1 Std. 10 Min.
Ruhezeit: 2–3 Std.
Pro Portion: ca. 580 kcal

Für den Nudelteig

160 g Mehl (Type 405) + Mehl zum Arbeiten
2 Eier (M) | 1 EL Olivenöl | Salz
1 Eiweiß zum Bestreichen | 2 EL Butter
schwarzer Pfeffer aus der Mühle

Für die Füllung

2 Forellenfilets ohne Haut (à 90 g)
Salz | ein Spritzer Anislikör | 1 TL Noilly Prat
2 Zweige Dill | 120 g Sahne | Cayennepfeffer
100 g Flusskrebsschwänze ohne Schale

Für die Sauce

250 g gekochte Rote Bete (Supermarkt)
300 ml Gemüsebrühe (siehe Seite 13)
Salz | schwarzer Pfeffer aus der Mühle
1 Msp. gemahlener Kümmel
2 EL kalte Butter | 100 g Sahne

Außerdem

Klarsichtfolie | Nudelmaschine
Spritzbeutel mit Lochtülle
runder Zackenausstecher (6 cm Ø)

1. Das Mehl mit den verquirlten Eiern, Olivenöl und 2 Prisen Salz in der Küchenmaschine ca. 8 Min. zu einem glatten, glänzenden Teig verkneten. Diesen in Folie wickeln und 2–3 Std., besser über Nacht, kühl stellen.

2. Für die Füllung die Forellenfilets klein schneiden, salzen, mit Anislikör und Noilly Prat mischen und ca. 20 Min. tiefkühlen. Den Dill waschen, trockenschütteln und grob schneiden; einige Spitzen für die Dekoration beiseite legen. Die Forellenstücke in der Küchenmaschine fein pürieren, dabei nach und nach die Sahne dazugeben; mit Salz, Cayennepfeffer und Dill verfeinern. Das Flusskrebsfleisch kalt abbrausen und mit Küchenpapier trockentupfen.

3. Für die Sauce 50 g der Roten Bete in feine Streifen schneiden und für die Dekoration beiseite legen. Den Rest klein würfeln. Die Brühe in einem Topf (Ø 20 cm) aufkochen und die Rote Bete darin ca. 5 Min. bei geringer Hitze ziehen lassen. Mit dem Stabmixer pürieren und mit Salz, Pfeffer und Kümmel abschmecken.

4. Nudelteig in 8 gleich große Teile schneiden, in Mehl wenden und mit der Nudelmaschine/dem Nudelholz in gleich lange, dünne Teigplatten ausrollen.

5. Die Fischmasse in einen Spritzbeutel mit Lochtülle geben, je 8 Häufchen auf 4 Teigplatten mit einem Abstand von ca. 4 cm verteilen. Auf jede Füllung 2 Krebsschwänze legen. Teigränder und Zwischenräume mit Eiweiß bepinseln. Mit den anderen Teigplatten abdecken, die Zwischenräume gut zusammendrücken. Den Teig ausstechen oder ausschneiden (Step-Bilder 1–3). Die Ränder der Ravioli mit den Fingern rundum zusammendrücken. Die Ravioli in reichlich Salzwasser etwa 3 Min. kochen und weitere 3 Min. bei geringer Hitze ziehen lassen.

6. 2 EL kalte Butter klein würfeln. Die Rote-Bete-Sauce erwärmen, die Sahne dazugeben und aufkochen lassen; die Butterwürfel nach und nach hinzufügen und mit dem Stabmixer schaumig pürieren.

7. 2 EL Butter in einer großen Pfanne aufschäumen lassen, die heißen Ravioli darin schwenken und mit Salz und Pfeffer abschmecken. Dann anrichten, mit Sauce beträufeln und mit Rote-Bete-Streifen und Dillspitzen dekorieren.

Perlgraupen mit Schwarzwurzeln
und weißer Trüffel

Für 4 Personen
Zubereitung: ca. 40 Min.
Pro Portion: ca. 435 kcal

160 g Perlgraupen, mittelfein
Salz | 500 g Schwarzwurzeln
Saft von 1 Zitrone + etwas Zitronensaft
2 Schalotten (70 g)
2 EL Butter
Meersalz, z. B. Fleur de Sel
2 Prisen Zucker
400 ml Geflügelbrühe (siehe Seite 12)
200 g Sahne
1 Bund glatte Petersilie
1 weiße Trüffel, z. B. aus dem Piemont (etwa 20 g)
schwarzer Pfeffer aus der Mühle
Cayennepfeffer
2 EL hochwertiges Olivenöl

1. Die Perlgraupen bei Bedarf kalt abbrausen und in reichlich Salzwasser in ca. 30 Min. weich kochen und abgießen.

2. Inzwischen die Schwarzwurzeln schälen (auch braune Stellen entfernen), schräg in dünne Scheiben schneiden und sofort in kaltes Zitronenwasser legen, damit sie sich nicht verfärben.

3. Die Schalotten abziehen und fein würfeln. Die Butter in einem Topf (24 cm Ø) erhitzen und die Schalottenwürfel darin in 3 Min. glasig dünsten. Die abgetropften Schwarzwurzeln dazugeben, mit Meersalz, Zucker und etwas Zitronensaft würzen und 5 Min. andünsten. Die Brühe dazugießen und aufkochen lassen. Nach etwa 15 Min. ca. 100 g Sahne einrühren und alles weitere 10 Min. garen.

4. Die restliche Sahne nicht zu steif aufschlagen. Die Petersilie waschen, trockenschütteln, die Blättchen abzupfen und grob schneiden. Die Trüffel, falls notwendig, mit einer kleinen Bürste säubern.

5. Die Perlgraupen zu den Schwarzwurzeln geben und weitere 2 Min. köcheln. Die geschlagene Sahne unterheben, mit Salz, Pfeffer und Cayennepfeffer abschmecken und mit Petersilie verfeinern; sofort in vorgewärmten, tiefen Tellern anrichten. Die Trüffel (am besten mit einem Trüffelhobel) hauchdünn darüber hobeln, mit Olivenöl beträufeln und servieren.

Der heiße Tipp

Da Schwarzwurzeln beim Schälen eine klebrige Schicht bilden, ziehen Sie am besten Einweg-Handschuhe an.

KOCHSCHULEN-KNOW-HOW TRÜFFELN

- Gute Trüffelqualität erkennen Sie an der festen Konsistenz und dem hoch aromatischen Duft. Zudem sollten Trüffeln schon gesäubert sein, schließlich kostet jedes Gramm viel Geld.
- Rechnen Sie pro Person mit mindestens 3–5 g Trüffeln. Sie können zwar mit aromatisiertem Trüffelöl (aus weißen Trüffeln) den Geschmack des Gerichtes verbessern, aber das ist nur ein schwacher Ersatz für frisch gehobelte Trüffel.
- Trüffeln in Küchenpapier gewickelt in einer verschließbaren Box oder einem Glas im Kühlschrank aufbewahren! Der häufig zu hörende Tipp, Trüffeln in Risottoreis zu legen, ist falsch – dieser würde der Trüffel Wasser entziehen. Der Reis nimmt zwar den Geschmack der Trüffel an, dafür büßt diese aber ihre Qualität und Konsistenz ein.

Schwarzer Heilbutt
in Rosébuttersauce mit Mangold

Für 4 Personen
Zubereitung: ca. 45 Min.
Pro Portion: ca. 680 kcal

650 g schwarze Heilbuttfilets
Meersalz, z. B. Fleur de Sel
schwarzer Pfeffer aus der Mühle
4 TL Wiener Grießler (doppelgriffiges Mehl oder Mehl Type 405)
4 EL Olivenöl

Für die Rosébuttersauce

1 Schalotte (30 g) | 160 g kalte Butter
150 ml Roséwein
150 ml Fischbrühe (siehe Seite 14)
1 Lorbeerblatt | 3 Wacholderbeeren
50 g Sahne | Salz | 1 Prise Zucker
Cayennepfeffer

Für das Gemüse

500 g Mangold | 1 Schalotte (30 g)
1 kleine Knoblauchzehe | 1 EL Butter
Salz | schwarzer Pfeffer aus der Mühle
frisch geriebene Muskatnuss | 1 EL Olivenöl

1. Die Heilbuttfilets kalt abbrausen, mit Küchenpapier trockentupfen und in etwa 80 g schwere Stücke schneiden.

2. Für die Sauce die Schalotte abziehen und fein würfeln. Etwa 1 TL Butter in einem kleinen Topf (18 cm Ø) erhitzen und die Schalotte darin ca. 3 Min. dünsten; mit Wein und Fischbrühe ablöschen. Lorbeer und Wacholderbeeren dazugeben und 10 Min. bei geringer Hitze köcheln lassen; danach Lorbeer und Wacholder entfernen. Sahne dazugeben, aufkochen lassen und zur Seite stellen.

3. Die restliche Butter in kleine Würfel schneiden und wieder kühl stellen.

4. Für das Gemüse den Mangold putzen und waschen. Die Stiele klein würfeln, die Blätter in etwa 2 cm große Stücke schneiden. Diese für ca. 3 Min. in kochendes Salzwasser geben, herausheben, eiskalt abschrecken und abtropfen lassen.

5. Schalotte und Knoblauch abziehen und fein würfeln. Die Butter in einem Topf (24 cm Ø) erhitzen und die Schalotten- und Knoblauchwürfel darin etwa 3 Min. dünsten. Die Mangoldstiele dazugeben und weitere 3 Min. dünsten. Die Blätter dazugeben und mit Salz, Pfeffer und Muskatnuss würzen. Zum Schluss das Olivenöl einrühren.

6. Die Fischfilets von beiden Seiten mit Meersalz und Pfeffer würzen und mit Mehl bestäuben. Das Olivenöl in einer großen Pfanne erhitzen und die Fischfilets darin ca. 3 Min. braten; wenden, die Pfanne vom Herd nehmen und den Fisch 1 Min. ziehen lassen.

7. Die Rosébuttersauce nochmals aufkochen lassen, währenddessen die kalten Butterwürfel nach und nach dazugeben und mit dem Stabmixer pürieren. Mit Salz, Zucker und Cayennepfeffer abschmecken.

8. Den Fisch mit dem Mangoldgemüse und der Rosébuttersauce auf vorgewärmten Tellern anrichten und servieren.

KOCHSCHULEN-KNOW-HOW SAUCE

- Eine Sauce bindet man, indem die eiskalte Butter langsam in die Sauce bei nur geringer Kochhitze eingerührt wird. Fachsprachlich nennt man das montieren.
- Vorsicht beim Pürieren: Den Topf immer etwas schräg aufstellen; den Stabmixer zuerst in die Flüssigkeit halten und dann anschalten. Gerade bei kleinen Mengen kann es leicht spritzen.

Der heiße Tipp

Die Buttersauce können Sie auch mit Weißwein zubereiten. Anstelle des Mangolds passt Spinat sehr gut zum Heilbutt.

Gebratene Seezunge mit Ratatouillesauce

Für 4 Personen
Zubereitung: ca. 55 Min.
Pro Portion: ca. 425 kcal

1 kleiner Zucchino (150 g)
1 kleine Aubergine (150 g)
1 rote Paprika (200 g)
1 gelbe Paprika (200 g)
1 weiße Zwiebel (100 g) | 4 Zweige Thymian
10 EL Olivenöl | 1 EL Tomatenmark
400 ml stückige Tomaten aus der Dose
200 ml Gemüsebrühe (siehe Seite 13)
Salz | schwarzer Pfeffer aus der Mühle
1 Prise getrocknete Chiliflakes
1 Prise Zucker | 4 ganze Seezungen à 350 g
4 TL Wiener Grießler (doppelgriffiges Mehl, oder Mehl Type 405)
Meersalz, z. B. Fleur de Sel
einige Tropfen Basilikumöl

KOCHSCHULEN-KNOW-HOW

• Braten Sie die Seezunge am besten im Ganzen und nicht als Filets, denn so bleibt sie schön saftig und schmeckt auch besser.
• Vorm Servieren die Filets der Seezunge auf einer Seite von der Mittelgräte lösen und die große Gräte und die äußeren kleinen Kammgräten entfernen. Diese oberen Filets auf die unteren legen und entsprechend anrichten.

1. Das Gemüse waschen und putzen. Zucchino, Aubergine, entkernte Paprikaschoten und die abgezogene Zwiebel fein würfeln. Die Thymianzweige waschen, trockenschütteln, die Blättchen abzupfen und grob schneiden.

2. 4 EL Olivenöl in einem Topf (28 cm Ø) erhitzen und die Zwiebelwürfel darin ca. 3 Min. glasig dünsten. Die Auberginenwürfel dazugeben und weitere 2 Min. garen. Das restliche Gemüse, Thymian und Tomatenmark einrühren und 3 Min. mitkochen. Mit den Tomaten ablöschen, die Gemüsebrühe dazugießen und alles ca. 6 Min. bei mittlerer Hitze köcheln lassen. Die Ratatouillesauce mit Salz, Pfeffer, Chiliflakes und Zucker abschmecken und zur Seite stellen.

3. Den Backofen auf etwa 80 °C (Ober- und Unterhitze) vorheizen.

4. Die Seezungen kalt abbrausen, mit Küchenpapier trockentupfen und mit einer Fischschere von Flossen befreien. Die dunkle Hautseite am Schwanzende ca. 1 cm einritzen, etwas lösen und mit Hilfe eines Küchentuchs abziehen. Auch die weiße Haut entfernen, den Kopf abschneiden und die Innereien entfernen (siehe Steps). Den Rogen nach Geschmack herausziehen.

5. Die Fische nochmals kalt abbrausen, trockentupfen, mit Salz und Pfeffer würzen und von beiden Seiten mit Mehl bestäuben.

6. 3 EL Olivenöl in einer großen Pfanne erhitzen, 2 Seezungen einlegen, bei mittlerer Hitze etwa 1 Min. braten, wenden und 1 weitere Min. braten. Die Pfanne vom Herd nehmen und die Fische weitere 2 Min. ziehen lassen. Dann zum Warmhalten auf ein Backblech legen und in den Ofen geben. Das restliche Olivenöl erhitzen und die verbleibenden Seezungen darin braten.

7. Die Ratatouillesauce aufkochen lassen und mit den Seezungen anrichten. Mit Basilikumöl (siehe Tipp) beträufeln und z. B. mit Ofenkartoffeln (siehe Seite 28), gekochtem Reis oder nur mit frischem Weißbrot servieren.

Der heiße Tipp

Selbst gemachte Aromaöle sind sehr gefragt: 1 Bund Basilikum waschen, trockenschütteln und die Blättchen abzupfen; mit 8 EL Olivenöl in ein hohes Gefäß geben, mit wenig Meersalz würzen und mit einem Stabmixer pürieren.

Den Flossensaum abschneiden (1). Vom Schwanzende her die Haut mit Hilfe eines Küchentuchs mit einem festen Ruck abziehen (2).

Gefüllte Wachteln
mit Buttercroûtons, Majoran und Honigglasur

Für 4 Personen
Zubereitung: ca. 1 Std. 40 Min.
Pro Portion: ca. 910 kcal

8 Wachteln (à 150 g), küchenfertig
4 Scheiben Toastbrot
100 g Shiitake-Pilze (alternativ weiße oder braune Champignons)
2 Zweige Majoran | 4 Zweige glatte Petersilie
2 Schalotten (60 g) | 100 g + 8 TL Butter
Salz | schwarzer Pfeffer aus der Mühle
2 Eier (M) | frisch geriebene Muskatnuss
2 TL Honig | 2 TL helle Sojasauce (Asiamarkt)

Für die Sauce

1 Möhre (80 g) | 1 Stück Knollensellerie (80 g)
2 Schalotten (60 g) | 2 Zweige Thymian
3 EL Pflanzenöl | 1 EL Tomatenmark
200 ml roter Portwein
50 ml trockener Sherry
350 ml Geflügelbrühe (siehe Seite 12)
Salz | schwarzer Pfeffer aus der Mühle

Außerdem

8 doppelt gelegte Stücke Alufolie
Küchengarn

KOCHSCHULEN-KNOW-HOW WACHTELN

Sie müssen die Wachteln nicht zunähen oder mit Holzspießen verschließen, da die Alufolie während des Garens genug Halt gibt.

Keine Angst vor dem Entbeinen: Mit einem scharfen Messer lassen sich Wachteln relativ einfach zerteilen (1) und mit Hilfe von Alufolie wieder verschließen (2).

1. Die Wachteln innen und außen kalt abbrausen und mit Küchenpapier trockentupfen. Das Fleisch vom Rücken her am Stück ablösen (siehe Step 1). Das Toastbrot entrinden und klein würfeln. Die Stiele der Shiitake-Pilze entfernen, die Hüte klein würfeln. Majoran und Petersilie waschen, trockenschütteln, die Blättchen abzupfen und grob schneiden. Schalotten abziehen und fein würfeln.

2. 80 g Butter in einer Pfanne erhitzen und die Brotwürfel darin in ca. 2 Min. goldbraun braten; in eine Schüssel geben. Die restlichen 20 g Butter erhitzen, die Schalotten darin 3 Min. glasig andünsten, die Pilze dazugeben, mit Salz und Pfeffer würzen und weitere 2 Min. garen. Die Kräuter untermischen, die Masse zu den Brotwürfeln geben und auskühlen lassen. Die Eier verquirlen, unter die Brotmasse ziehen und mit Salz, Pfeffer und Muskatnuss würzen.

3. Für die Sauce die ausgelösten Knochen (Karkassen) zerkleinern. Möhren und Sellerie putzen, waschen und schälen; die Schalotten abziehen. Alles klein würfeln. Die Thymianzweige waschen und trockenschütteln.

4. Das Pflanzenöl in einem Topf (24 cm Ø) erhitzen, die Knochen dazugeben, etwa 5 Min. kräftig braten. Gemüse und Tomatenmark dazugeben und 10 Min. bei mittlerer Hitze weiter garen. Mit ca. 1/3 des Portweins ablöschen und vollständig einkochen lassen. Diesen Vorgang 2-mal wiederholen, dann Sherry, Geflügelbrühe und Thymian dazugeben und ca. 30 Min. bei mittlerer Hitze kochen lassen. Die Sauce durch ein feines Sieb streichen, sämig einkochen lassen und salzen und pfeffern. Den Ofen auf 170 °C Umluft (190 °C Elektrohitze) vorheizen.

5. Die Wachteln innen mit Salz und Pfeffer würzen, mit Brotmasse füllen, schließen und von außen salzen und pfeffern (siehe Step 2). Jede Wachtel mit der Öffnung nach unten auf die gefettete, doppelt gelegte Alufolie legen. Die Keulen mit Küchengarn zusammenbinden, die Ränder der Folie hochschlagen. Im Ofen etwa 12 Min. garen. Die Temperatur auf 200 °C erhöhen und in etwa 18 Min. fertig garen. Honig und Sojasauce erwärmen, verrühren; die Wachteln beim Garen immer wieder damit bestreichen. Aus dem Ofen nehmen, aus der Alufolie heben und den Bratensaft zur Sauce geben. Die Wachteln längs halbieren.

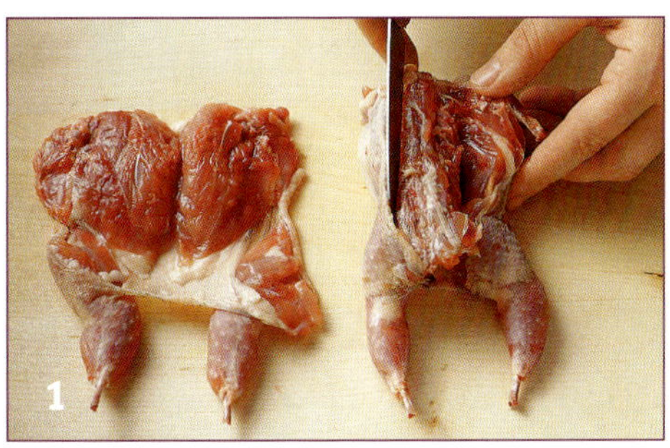
1

2

Barbarie-Ente im Ganzen gebraten
mit Rotkohl und Marzipan

Für 4 Personen
Zubereitung: ca. 1 Std. 10 Min.
Backofenzeit: 1 Std. 55 Min.
Pro Portion: ca. 1500 kcal

2 frische weibliche Barbarie-Enten (à 1350 g) + Kragen und Innereien
1/2 Bund glatte Petersilie | 1 Zwiebel (100 g)
1 säuerlicher Apfel (180 g), z. B. Boskop
1/2 Orange | Salz
schwarzer Pfeffer aus der Mühle
4 Zweige Beifuß
2 TL Salz mit 2 EL Wasser vermischt

Für die Sauce

1 Zwiebel (100 g) | 1 Möhre (100 g)
1 Stück Knollensellerie (150 g)
500 ml Geflügelbrühe (siehe Seite 12)
1 EL Tomatenmark
300 ml Rotwein + 1 Schuss Rotwein
1 TL Speisestärke

Für den Rotkohl

1 kg frischer Rotkohl | 1 EL Salz | 2 EL Zucker
10 Wacholderbeeren | 4 Nelken
3 Lorbeerblätter | 2 Msp. gemahlener Kümmel
500 ml Rotwein | 2 EL Apfelessig
Saft von 1/2 Orange | 2 Zwiebeln (200 g)
4 EL Pflanzenöl
1 säuerlicher Apfel (180 g), z. B. Boskop
200 g Apfelmus mit Stücken (aus dem Glas)
30 g Marzipan

Außerdem

2 Holzspieße

1. Den Backofen auf 150 °C Umluft (170 °C Elektrohitze) vorheizen.

2. Die Petersilie waschen, trockenschütteln und grob schneiden. Die Zwiebel abziehen und grob würfeln. Den Apfel vierteln, entkernen und mit der Orange in grobe Stücke schneiden. Mit Salz, reichlich Pfeffer und abgezupftem Beifuß und Petersilie würzen.

3. Die Enten innen und außen gründlich waschen und trockentupfen. Die unteren Flügelknochen und den Bürzel abschneiden. Die Enten innen und außen salzen, mit der Apfel-Orangen-Masse füllen und mit einem Holzspieß verschließen.

4. Für die Sauce Zwiebel, Möhre und Sellerie schälen, in etwa 1 cm große Stücke schneiden. Kragen und Flügelknochen der Enten in kleine Stücke schneiden. Alles in einen großen Bräter geben. Die Geflügelbrühe dazugießen, Tomatenmark und Rotwein glatt rühren und ebenfalls hinzugießen. Die Enten mit der Brust nach unten in die Flüssigkeit legen. Etwa 40 Min. im Ofen garen.

5. Inzwischen den Rotkohl putzen, halbieren, den Strunk entfernen. Den Kohl in feine Streifen schneiden oder hobeln, mit Salz, Zucker, den anderen Gewürzen, Rotwein, Apfelessig und Orangensaft mischen und kräftig durchkneten.

6. Die Zwiebeln abziehen, halbieren und in feine Streifen schneiden. 4 EL Pflanzenöl in einem großen Topf (28 cm Ø) erhitzen und die Zwiebeln darin in ca. 3 Min. glasig dünsten. Den Rotkohl mit Sud dazugeben, durchrühren und zugedeckt etwa 1 1/2 Stunden bei mittlerer Hitze weich kochen lassen.

7. Den Apfel schälen, entkernen, vierteln und in Scheiben schneiden. Diese mit dem Apfelmus und klein gezupftem Marzipan nach ca. 1/2 Std. zum Rotkohl geben und fertig garen. Mit Salz und Pfeffer abschmecken.

8. Jetzt die Ente wenden (Brust oben), den Ofen auf 180 °C Umluft (200 °C Elektrohitze) erhitzen und 1 weitere Stunde garen. Danach die Temperatur auf 220 °C (240 °C Elektrohitze) erhöhen. Die Ente mit der Brust nach oben auf den Ofenrost legen (Blech als Tropfschutz darunter schieben). Die Haut immer wieder mit dem vorbereiteten Salzwasser bepinseln und etwa 15 Min. goldbraun und knusprig braten.

9. Die Sauce durch ein Sieb streichen und etwas einkochen lassen. Die Stärke mit einem Schuss Rotwein anrühren und die Sauce damit binden. Noch einige Min. sämig einkochen lassen und mit Salz und Pfeffer abschmecken.

10. Die Ente aus dem Ofen nehmen, kurz ruhen lassen, aufschneiden und die Füllung entfernen. Sie dient nur als Geschmacksträger. Das Geflügel portionsweise mit Rotkohl und der Sauce servieren.

SABRE
FRANCE

Gefüllte Fasanenbrust
mit Pistazien und Cassis-Sauce

Für 4 Personen
Zubereitung: ca. 2 Std. 10 Min.
Backofenzeit: 18 Min.
Pro Portion: ca. 1000 kcal

120 g Schweinenetz (beim Metzger vorbestellen)
1 kleine Möhre (50 g)
1 kleines Stück Knollensellerie (50 g)
2 küchenfertige Fasane (à 850 g) | Salz
1 EL roter Portwein
2 Zweige glatte Petersilie
2 EL Pistazien ohne Schale
1 Eiweiß (M) | 100 g Sahne
schwarzer Pfeffer aus der Mühle
1 Msp. gemahlenes Pastetengewürz
3 EL Pflanzenöl

Für die Cassis-Sauce

1 Möhre (100 g)
1 kleines Stück Knollensellerie (100 g)
1 Zwiebel (100 g) | 2 EL Pflanzenöl
1 EL Tomatenmark | 200 ml roter Portwein
6 Wacholderbeeren | 2 Lorbeerblätter
2 Pimentkörner
500 ml Geflügelbrühe (siehe Seite 12)
50 ml Cassislikör (schwarzer Johannisbeerlikör)
1 TL Speisestärke und 1 Schuss Wasser
Salz | schwarzer Pfeffer aus der Mühle

1. Das Schweinenetz in kaltes Wasser legen. Möhre und Sellerie waschen, putzen, schälen und fein würfeln. Die Fasane kalt abbrausen, Brüste und Keulen abtrennen und häuten. 80 g Keulenfleisch klein würfeln, salzen, mit Portwein mischen und 20 Min. tiefkühlen. Keulen, Flügel und Knochen zerkleinern. Vorbereitete Möhren- und Selleriewürfel für ca. 1 Min. in kochendes Salzwasser geben; eiskalt abschrecken und abtropfen lassen. Die Petersilie waschen, trockenschütteln, die Blätter abzupfen und fein schneiden. Die Pistazien grob hacken.

2. Für die Sauce sämtliches Gemüse küchenfertig vorbereiten und klein würfeln. 2 EL Pflanzenöl in einem Topf (24 cm ø) erhitzen und die Fasanenstücke und -knochen darin in 5 Min. anbraten. Gemüse und Tomatenmark dazugeben und weitere 10 Min. bei mittlerer Hitze garen. Mit ca. 1/3 des Portweins ablöschen und vollständig einkochen lassen. Den Vorgang 2-mal wiederholen. Gewürze und Geflügelbrühe zufügen und ca. 30 Min. köcheln lassen.

3. Das kalte Keulenfleisch in der Küchenmaschine mit dem Eiweiß pürieren, die Sahne nach und nach dazugießen. Die Farce in einer Schüssel mit Möhren-Sellerie-Würfeln, Petersilie und Pistazien vermischen und mit Salz, Pfeffer und Pastetengewürz würzen. Backofen auf 120 °C Umluft (140 °C Elektrohitze) vorheizen.

4. Die Fasanenbrustfilets auslösen, quer einschneiden, mit 1/4 der Farce füllen und die „Tasche“ zuklappen; mit Salz und Pfeffer würzen. Das Schweinenetz gut ausdrücken, auf Küchenpapier ausbreiten und in 4 gleich große Stücke schneiden. In jedes eine Fasanenbrust einwickeln. Die Netzenden gut verschließen.

5. 3 EL Pflanzenöl erhitzen, die Fasanenbrüste bei mittlerer Hitze 1 Min. anbraten, wenden und noch 1 Min. braten. Im Ofen in ca. 18 Min. fertig garen. Die Sauce durch ein Sieb streichen. Den Cassislikör 3 Min. einreduzieren lassen. Mit der Sauce aufgießen und aufkochen lassen. Die Stärke mit wenig Wasser anrühren, dazugeben, einige Min. kochen lassen und würzen.

6. Die Fasanenbrust aus dem Ofen nehmen, kurz ruhen lassen, aufschneiden. Die Fleischstücke mit der Sauce servieren.

1

2

Wichtig beim Erstellen einer Farce ist, dass sämtliche Zutaten kalt sind.

Roastbeef
am Stück gebraten mit Sauce Béarnaise

Für 4 Personen
Zubereitung: ca. 45 Min.
Backofenzeit: 40 Min.
Pro Portion: ca. 745 kcal

1 kg Roastbeef am Stück | Salz
1 EL grob gestoßener schwarze Pfeffer
1 EL mittelscharfer oder scharfer Senf
4 Zweige Thymian | 4 EL Pflanzenöl
Meersalz, z. B. Fleur de Sel
schwarzer Pfeffer aus der Mühle

Für die Sauce Béarnaise
1 kleine Schalotte (20 g)
150 ml Weißwein | 1 Lorbeerblatt
2 Wacholderbeeren, angedrückt
1 Pimentkorn | 4 schwarze Pfefferkörner
150 g Butter | 2 Eigelbe (M)
1 TL Worcestersauce | Salz
schwarzer Pfeffer aus der Mühle
Cayennepfeffer
einige Spritzer Zitronensaft
1 Prise Zucker | 1/2 Bund Schnittlauch
3 kleine Salbeiblätter | 1 Zweig Estragon
2 Zweige glatte Petersilie

1. Den Backofen auf 120 °C Umluft (140 °C Elektrohitze) vorheizen.

2. Das Roastbeef kalt abbrausen, mit Küchenpapier trockentupfen mit Salz und grobem Pfeffer würzen und mit Senf bestreichen. Die Thymianzweige waschen und trockenschütteln.

3. Das Öl in einer Pfanne erhitzen und das Fleisch darin von allen Seiten in insgesamt etwa 4 Min. anbraten. Dann direkt auf einen Ofenrost setzen und zusammen mit den Thymianzweigen in etwa 40 Min. rosa garen. (Ein Blech als Tropfschutz darunter schieben.)

4. Für die Sauce die Schalotte abziehen und fein würfeln. Mit Weißwein, Lorbeer, Wacholderbeeren, Piment und Pfefferkörner in einem kleinen Topf (18 cm Ø) erhitzen und um ca. 2/3 der Flüssigkeitsmenge 5 Min. einkochen lassen. Die restliche Flüssigkeit (50 ml) durch ein feines Sieb streichen und abkühlen lassen.

5. Die Butter bei geringer Hitze schmelzen lassen. Die Eigelbe mit der abgekühlten Weißweinreduktion in einer Metallschüssel (runder Boden/Schlagkessel) verrühren und mit Worcestersauce, Salz, Pfeffer und Cayennepfeffer würzen. Dann über dem heißen Wasserbad mit einem weichen Schneebesen in ca. 3 Min. zu einer cremig-festen Masse aufschlagen. Die Schüssel vom Wasserbad nehmen und die flüssige Butter unter ständigem Rühren langsam dazugeben. Zum Schluss mit Zitronensaft und Zucker abschmecken.

6. Die Kräuter waschen und trockenschütteln. Die Blättchen abzupfen und grob schneiden, den Schnittlauch in feine Röllchen schneiden. Die Sauce mit den Kräutern verfeinern.

7. Das Roastbeef aus dem Ofen nehmen, kurz ruhen lassen, aufschneiden, mit Meersalz und Pfeffer bestreuen und mit der Sauce Béarnaise servieren.

Für eine gute Béarnaise benötigt man eine aromatische Weißweinreduktion (1), die mit Eigelben glatt verrührt und über dem heißen Wasserbad aufgeschlagen wird (2). Zum Binden kommt zum Schluss flüssige, nicht zu heiße Butter dazu (3).

Überbackenes Kalbsfilet
mit Morchelrahmsauce

Für 4 Personen
Zubereitung: ca. 50 Min.
Backofenzeit: 2–3 Min.
Pro Portion: ca. 935 kcal

25 g getrocknete Morcheln
1 Schalotte (50 g)
2 EL Butter
200 ml Madeira + 1 Schuss Madeira
250 ml Rinder- oder Geflügelbrühe (siehe Seite 10 und 12)
1 TL Speisestärke
400 g Sahne
Meersalz, z. B. Fleur de Sel
schwarzer Pfeffer aus der Mühle
1 Rezeptmenge Sauce hollandaise (siehe Seite 18)
4 Zweige Thymian
600 g Kalbsfilet (12 Scheiben à 50 g)
2 EL Pflanzenöl

1. Die Morcheln über Nacht in lauwarmem Wasser einweichen. Am nächsten Tag abtropfen lassen, je nach Größe halbieren oder vierteln, nochmals gründlich waschen und abtropfen lassen. (Das Einweichwasser wegschütten.)

2. Die Schalotte abziehen und fein würfeln. Die Butter in einem Topf (20 cm Ø) erhitzen und die Schalotten darin 3 Min. glasig dünsten; mit 200 ml Madeira ablöschen und 5 Min. bei mittlerer Hitze einkochen lassen. Morcheln und Brühe dazugeben und weitere 5 Min. garen.

3. Die Stärke mit 1 Schuss Madeira glatt rühren. Die Sahne zur Sauce geben und aufkochen lassen; dann die Stärke einrühren und weitere 5 Min. sämig einkochen. Mit Salz und Pfeffer abschmecken.

4. Den Backofen auf Grillfunktion oder starke Oberhitze vorheizen.

5. Die Sauce hollandaise zubereiten.

6. Inzwischen den Thymian waschen und trockenschütteln. Die Kalbsfiletscheiben von beiden Seiten mit Salz und Pfeffer würzen.

7. Das Pflanzenöl in einer großen Pfanne erhitzen, Fleisch und Thymianzweige einlegen und in 2 Min. scharf anbraten. Das Filet wenden, den Herd ausschalten, weitere 2 Min. ziehen lassen. Den Thymian entfernen, Fleisch in eine ofenfeste Form geben. Jede Scheibe mit je einem Löffel Morchelrahmsauce und Sauce hollandaise begießen und im Backofen in ca. 2–3 Min. goldbraun überbacken. Gleich servieren. Als Beilage eignen sich beispielsweise Kartoffelplätzchen (siehe Seite 80).

KOCHSCHULEN-KNOW-HOW MORCHELN

Sie ist das oberirdisch wachsende Pendant zur Trüffel. Allerdings gibt es die typische frische Frühjahrs-Morcheln nur zwischen Mai und Ende Juni – sonst kann man auf getrocknete zurückgreifen. Damit diese wieder in den Vollbesitz ihres Aromas kommen, benötigen sie ein ausgiebiges lauwarmes Wasserbad. Morcheln werden gerne in Sahnesaucen zubereitet.

Geschmortes Hirschgulasch
mit Rahmwirsing und Steinpilzen

Für 4 Personen
Zubereitung: ca. 1 Std. 35 Min.
Garzeit: 2 Std.
Pro Portion: ca. 925 kcal

1 kg Hirschschulter ohne Knochen
2 Zwiebeln (200 g) | 1 kleine Möhre (50 g)
1 Stück Knollensellerie (100 g)
3 Lorbeerblätter | 1/2 Zimtstange
15 Wacholderbeeren
1 TL schwarze Pfefferkörner | Salz
schwarzer Pfeffer aus der Mühle
3 Prisen gemahlenes Wildgewürz
6 EL Pflanzenöl | 2 EL Tomatenmark
750 ml Rotwein
1 gehäufter EL Mehl (Type 405)
750 ml Wildbrühe (alternativ Gemüsebrühe)
2 EL Johannisbeergelee

Für den Rahmwirsing

1/2 Kopf Wirsing (600 g) | Salz
2 EL Butter | 200 g Sahne
schwarzer Pfeffer aus der Mühle
frisch geriebene Muskatnuss

Für die Steinpilze

200 g Steinpilze (alternativ braune Champignons)
2 Zweige glatte Petersilie
2 EL Butter | Salz
schwarzer Pfeffer aus der Mühle

1. Das Fleisch von eventuellen Sehnen befreien, in ca. 4 cm große Stücke schneiden. Die Zwiebeln abziehen, Möhre und Sellerie putzen, waschen und schälen. Alles in ca. 1 cm große Würfel schneiden. Lorbeer, Zimt, Wacholder und Pfefferkörner im Mörser grob zerstoßen.

2. Das Fleisch mit Salz, Pfeffer und gemahlenem Wildgewürz bestreuen.

3. Das Pflanzenöl in einem großen Topf (28 cm Ø) erhitzen und das Fleisch darin in ca. 3 Min. scharf anbraten, dabei die Gewürze dazugeben; 10 Min. unter Rühren braten. Die Zwiebel- und Möhren-Sellerie-Würfel dazugeben, 3 Min. dünsten und dann das Tomatenmark einrühren. Nach 3 Min. mit ca. 1/4 des Rotweins ablöschen und die Flüssigkeit vollständig einkochen lassen. Mit Mehl bestäuben. Noch 2-mal mit Rotwein ablöschen und einkochen lassen. Die restlichen Flüssigkeiten – Rotwein und Brühe – dazugießen und zugedeckt bei mittlerer Hitze etwa 2 Std. köcheln. Das Fleisch sollte beim Hineinstechen mit einer Fleischgabel schön weich sein.

4. Inzwischen den Wirsing putzen, halbieren, den Strunk entfernen, die Blätter waschen, trockenschütteln und in feine Streifen schneiden. In reichlich Salzwasser etwa 6 Min. kochen, abgießen, eiskalt abschrecken und abtropfen lassen.

5. Die Pilze putzen, mit Küchenpapier abreiben und in grobe Stücke schneiden. Die Petersilie waschen, trockenschütteln, die Blättchen abzupfen und mit einem scharfen Messer grob schneiden.

6. Die Fleischstücke herausnehmen; die Sauce durch ein feines Sieb streichen und sämig einkochen lassen. Mit Johannisbeergelee, Salz und Pfeffer abschmecken; dann die Fleischstücke wieder einlegen.

7. 2 EL Butter in einem Topf oder einer Pfanne erhitzen und den Wirsing darin ca. 2 Min. anschwitzen. Die Sahne dazugießen und 3 Min. sämig einkochen lassen. Mit Salz, Pfeffer und Muskatnuss würzen

8. 2 EL Butter in einer großen Pfanne erhitzen und die Pilzstücke darin 2 Min. scharf anbraten. Mit Salz und Pfeffer würzen und mit Petersilie verfeinern.

9. Das Gulasch mit Rahmwirsing und gebratenen Pilzen auf vorgewärmten Tellern anrichten und servieren.

Die heißen Tipps

• Servieren Sie z. B. Eierspätzle dazu.
• Wer mag, beträufelt das Gulasch und die Pilze mit 4 EL halb steif geschlagener Sahne.

KOCHSCHULEN-KNOW-HOW FLEISCH GAREN

Fleischgarzeiten hängen davon ab, wie alt Tiere bei der Schlachtung sind. Das Fleisch von jüngeren Tieren braucht weniger lang. Deshalb sollten Sie öfter mit der Fleischgabel ins Fleisch stechen, um den Garpunkt festzustellen.

Vanilleparfait
mit Rhabarber und Himbeeren

Für 4 Personen
Zubereitung: ca. 45 Min.
Kühlzeit: 2–3 Std.
Backofenzeit: 15 Min.
Pro Portion: ca. 410 kcal

Für das Parfait

1 Vanilleschote
120 ml Milch
3 Eigelbe (M)
100 g Zucker
1 1/2 EL Kirschwasser
200 g Sahne

Für den Rhabarber

300 g Himbeeren, frisch oder tief gefroren
4 Stangen Rhabarber (400 g)
3 EL Gelierzucker (2: 1)
8 cm Bio-Zitronenschale
1/2 Vanilleschote
2 EL Puderzucker
1 Spritzer Zitronensaft

Außerdem

1 flache Terrinen- oder Auflaufform
Klarsicht- und Alufolie
»Gummimambo«

1. Die Vanilleschote der Länge nach halbieren, das Mark herauskratzen, in die Milch geben und aufkochen lassen.

2. Die Eigelbe mit dem Zucker in einer Metall-Schüssel (runder Boden/Schlagkessel) verrühren. Die heiße Milch langsam einrühren. Dann über dem heißen Wasserbad unter ständigem Rühren binden – die Sauce sollte eine sämige Konsistenz haben (siehe Kochschulen-Know-how, Seite 144); der Vorgang dauert etwa 10–15 Min. Dann die Masse durch ein feines Sieb streichen und in ca. 3–5 Min. kalt rühren. Mit Kirschwasser verfeinern. Die Sahne nicht zu steif aufschlagen und vorsichtig unterheben.

3. Die Terrinenform kalt ausspülen mit Klarsichtfolie so auslegen, dass die Ränder überstehen. Das Parfait einfüllen, mit Folie abdecken und 2–3 Std., besser über Nacht, ins Gefrierfach stellen.

4. Zur weiteren Bearbeitung den Backofen auf 150 °C Umluft (170 °C Elektrohitze) vorheizen.

5. Die Himbeeren verlesen. Den Rhabarber waschen, putzen und falls nötig, abziehen. In ca. 4 cm lange, 1 cm breite Stücke schneiden und in eine ofenfeste Form (18 x 28 cm) geben. Gelierzucker, Zitronenschale, aufgeschnittene Vanilleschote und etwa 8 Himbeeren hinzufügen, gut mischen und mit Alufolie abgedeckt etwa 15 Min. im Ofen garen.

6. Die restliche Himbeeren mit Puderzucker in ein hohes Gefäß geben, fein pürieren, durch ein Sieb streichen und mit Zitronensaft abschmecken.

7. Das Parfait aus der Form heben, portionsweise mit dem Rhabarber auf Tellern anrichten und mit der Himbeersauce beträufeln.

KOCHSCHULEN-KNOW-HOW PARFAIT

- Das Binden von Cremes und Saucen mit Eigelben heißt in der Fachsprache »zur Rose abziehen«. Siehe dazu Seite 144, Vanillesauce.
- Das Grundprinzip eines Parfaits sieht folgendermaßen aus: Eine Eigelbmasse wird über einem Wasserbad dickschaumig aufgeschlagen; nun wird die Masse über einem kalten Wasserbad weiter geschlagen und sobald sie erkaltet ist, mit Früchten und/oder Spirituosen verfeinert. Damit sie eine schöne Struktur erhält, kommt noch geschlagene Sahne darunter – und ab geht's ins Eisfach.

Schokoladenkuchen
mit Sauerkirschen und Rosenwasser

Für 4 Personen
Zubereitung: ca. 1 Std. 10 Min.
Backofenzeit: 12 Min.
Pro Portion: ca. 560 kcal

Für die Kirschen

300 g Sauerkirschen, frisch oder tiefgefroren
2 dünne Scheiben frischer Ingwer
1/2 Vanilleschote
2 EL Honig
400 ml Kirschsaft
5 cm Bio-Orangenschale
1 TL Speisestärke + 1 Schuss Wasser
einige Tropfen Rosenwasser (Apotheke)

Für den Kuchen

3 Eier (L)
90 g Zartbitterkuvertüre
50 g Puderzucker
60 g weiche Butter
40 g geschälte, geriebene Mandeln
1 Prise Salz
Butter für die Formen
2 TL Zucker

Außerdem

4 Backformen oder Tassen mit 150 ml Füllmenge

1. Die Kirschen waschen, halbieren und entsteinen. Den Ingwer schälen; das Mark aus der Vanilleschote herauskratzen.

2. Den Honig in einem kleinen Topf (mit 24 cm Ø) erwärmen, den Kirschsaft dazugießen und aufkochen lassen. Ingwer, Vanilleschote und -mark sowie Orangenschale dazugeben und etwa 10 Min. bei geringer Hitze einkochen lassen. Zum Binden das Stärke-Wasser-Gemisch glatt einrühren und weitere 10 Min. köcheln lassen. Dabei immer wieder umrühren. Die Kirschen in die Flüssigkeit legen, nochmals aufkochen, vom Herd nehmen und etwas auskühlen lassen. Kurz vor dem Servieren mit dem Rosenwasser verfeinern.

3. Die Backformen mit Butter fetten und vollständig mit Zucker ausstreuen – auch die Ränder. Die Eier trennen.

4. Für die Kuchen die Kuvertüre grob zerkleinern und in einer Schüssel über dem Wasserbad schmelzen. Danach handwarm auskühlen lassen.

5. Den Puderzucker sieben und mit der weichen Butter ca. 10 Min. schaumig aufschlagen. Die Eigelbe nach und nach dazugeben. Dann die Kuvertüre langsam einrühren und die Mandeln unterheben.

6. Den Backofen auf 220 °C Umluft (240 °C Elektrohitze) vorheizen.

7. Eiweiß und Salz in einer fettfreien Schüssel steif aufschlagen und vorsichtig unter den Schokoladenteig heben. Diesen portionsweise in die vorbereiteten Formen einfüllen.

8. Die Formen auf das tiefe Ofenblech setzen und dieses mit so viel heißem Wasser auffüllen, dass sie etwa bis zur Hälfte im Wasser stehen. Den Schokoladenkuchen etwa 12 Min. backen.

9. Die Kuchen stürzen oder in den Formen lassen und mit den verfeinerten lauwarmen Kirschen servieren.

Die heißen Tipps

• Der Schokoladenkuchen ist perfekt, wenn er im Inneren noch zart-weich ist.
• Wenn Sie tiefgefrorene Kirschen nehmen, müssen sie auftauen, bevor Sie sie weiter verarbeiten.
• Der Kuchen schmeckt mit aufgeschlagener Sahne (etwa 100 g) und Schokoladenraspeln noch besser. Dafür einfach »Späne« von der dunklen Kuvertüre mit einem Sparschäler abraspeln oder mit einem dicken Messer abschaben.

Saure-Sahne-Mousse
mit frischer Mango

Für 4 Personen
Zubereitung: ca. 30 Min.
Kühlzeit: 2–3 Std.
Pro Portion: ca. 340 kcal

2 Blatt Gelatine
40 g Puderzucker
200 g saure Sahne
Saft von 1/2 Orange
1 Msp. Bio-Orangenschale
200 g Sahne
2 EL Orangenlikör, z. B. Grand Marnier
1 reife Mango (400 g)
80 ml Ananassaft
1 Spritzer Limettensaft
Minzeblättchen zum Dekorieren

Außerdem
Klarsichtfolie
4 Gläser oder Portionsförmchen à 100 ml

1. Die Gelatine in kaltem Wasser einweichen. Den Puderzucker sieben und mit der sauren Sahne, Orangensaft und -abrieb verrühren. Die Sahne nicht zu steif aufschlagen.

2. Den Orangenlikör in einem kleinen Topf erwärmen. Die Gelatine ausdrücken, in lauwarmer Flüssigkeit auflösen und etwas geschlagene Sahne einrühren. Alles unter die übrige Sahne ziehen und dieses Gemisch vorsichtig unter die Saure-Sahne-Masse heben. Die Mousse portionsweise in Gläser füllen, mit Folie abdecken und für ca. 2–3 Std., besser über Nacht, kühl stellen.

3. Zur Fertigstellung die Mango schälen, das Fruchtfleisch vom Kern schneiden und etwa 100 g klein würfeln. Das restliche Fruchtfleisch in ein hohes Gefäß geben, den Ananassaft dazugießen und mit dem Stabmixer fein pürieren. Die Sauce mit Limettensaft abschmecken.

4. Die Mousse mit der Mango-Ananas-Sauce und den Mangowürfeln anrichten und mit frischer Minze dekoriert servieren.

Der heiße Tipp
Als Dekoration rösten Sie etwa 2 EL Kokoschips (Reformhaus) ohne Fett goldbraun.

KOCHSCHULEN-KNOW-HOW MOUSSE
- Wenn Sie die Mousse stürzen wollen, muss sie eine festere Konsistenz als oben beschrieben haben. Dazu 1 zusätzliches Blatt Gelatine verwenden.
- Tauchen Sie die Formen vor dem Stürzen in kaltes Wasser, dann löst sich die Mousse besser vom Rand der Formen.
- Eine Mousse sollte immer schaumig und luftig zugleich sein.

Kleines Wein-ABC

Wein gehört zu einem guten Essen einfach dazu. Da der Umgang mit Weinen nicht ganz einfach ist, finden Sie hier einen kleinen Wegweiser durch die Welt der Weine.

Aromen im Wein nimmt man als Geruch wahr, entweder direkt in der Nase oder retro-nasal, d. h. im Rachenraum; durch ihn wandern die Aromen zum Riechhirn. Wirklich auf der Zunge wahrnehmen kann man nur süß, sauer, salzig und bitter. Bei den Aromen unterscheidet man Primäraromen (Rebsorte), Sekundäraromen (Aromen, die bei der Weinbereitung und Gärung entstehen) und Tertiäraromen (z. B. vom Fass nach der Gärung). Zudem gibt es diverse Aromentypen, z. B. florale (Rosen, Holunderblüten etc.), fruchtige (Apfel, Brombeere etc.) oder so genannte empyreumatische Aromen (Kamin, Rauch, Feuerstein etc.).
Der **Ausbau** des Weins spielt eine wichtige Rolle. Er umfasst alles, was nach der alkoholischen Gärung folgt. Der Wein wandert nun in Stahl- oder Betontanks, in große Holzfässer oder aber in kleine Eichenholz-Barriques. Einfluss auf den Geschmack haben insbesondere die Lagerung des frischen Weins auf dem Hefesatz oder das Durchführen einer malolaktischen Gärung, der Umwandlung der aggressiveren Apfelsäure in die mildere Milchsäure durch Bakterien. Welches Material ein Weingut für die Ausbau-Behältnisse auswählt, ist eine Frage der Philosophie – sämtliche Versionen werden von Spitzenweingütern verwendet.
Barriques sind kleine Eichenholzfässer mit 225 Liter Inhalt. Die besten stammen aus Frankreich. Barriques verleihen Weiß- und Rotweinen feine bis kräftige Eichenholznoten. In der Neuen Welt verwendet man stattdessen für einfachere Weine Holzplanken und Holzchips, was weitaus billiger ist.
Cuvée ist ein Verschnitt aus zwei oder mehr Rebsorten, oft auch Blend genannt. Die verschiedenen Rebsorten ergänzen sich im ausgereiften Wein zu einem harmonischen Ganzen. Die bedeutendsten Rotweine der Welt sind fast ausschließlich Cuvées, so z. B. die berühmten Bordeaux-Weine. Sie enthalten u. a. die Rebsorten Merlot und Cabernet Sauvignon. Besteht ein Wein aus nur einer Rebsorte, ist er sortenrein ausgebaut.
Die beliebtesten **Digestifs** der Weinwelt sind Portweine, vom einfachen Tawny bis hin zum Jahrgangs-Port, dem Vintage Port. Nicht jeder Süßwein harmoniert mit jedem Dessert. Für Schokoladiges empfehlen sich ein Port oder ein Rivesaltes aus Südfrankreich. Zu fruchtigen Desserts passt Beerenauslese aus Österreich oder ein deutscher Süßwein. Generell gilt: Das Dessert sollte nicht süßer sein als der Wein selbst!
Das Thema Wein ist so komplex, dass der **Einkauf** unbedingt Vertrauenssache ist. Der Griff ins Supermarktregal deshalb bitte nur, wenn es unbedingt sein muss. Oft sind die Weine überlagert oder falsch gelagert worden. Individuelle Tipps bekommt man beim Weinhändler, zuverlässig sind aber auch diverse Online-Anbieter mit Service-Hotlines.
Fehler im Wein sind nicht selten und haben verschiedene Ursachen – schließlich handelt es sich um ein Naturprodukt! Für alles Fehlerhafte gilt: Raus aus der Küche; fehlerhafte Weine sollte man auch nicht zum Kochen verwenden. Im Zweifelsfall bringen Sie die Flasche ruhig zum Händler zurück – angebrochen, aber nicht halbleer, wohlgemerkt!
Gläser sollte man sorgfältig auswählen; dabei lieber ein hochwertiges Universalglas einer Palette verschiedenartigster Formen vorziehen! Dünnwandig, tulpenförmig, mit langem Stiel und möglichst ohne überflüssige Schnörkel! Mundgeblasenes Kristallglas ist Bleikristall in jedem Fall vorzuziehen!
Beim **Handling** ist vor allem wichtig, wann der Wein am besten geöffnet werden sollte. Für Rotweine gilt: ausnahmslos zeitig vor dem Servieren! Gereiftere Weine mit Depot (das ist die Ablagerung in der Weinflasche) sollte man sogar dekantieren, also zur Trennung von Flüssigkeit und Depot in eine Glaskaraffe umfüllen. Aufpassen sollte man bei sehr alten Weinen, die oft nur kurz nach dem Einschenken Freude bereiten, wenige Minuten später jedoch durch den Sauerstoffkontakt kippen – diese Weine sollte man sofort nach dem Öffnen konsumieren!
Begriffe wie **Impériale** & Co. stehen für Flaschengrößen. Die Standard-Weinflasche hat 75 cl, 1,5 l passen in eine Magnum. Halbe Flaschen mit 37,5 cl sind praktisch für ein Essen zu zweit, für lange Lagerung sind sie hingegen weniger geeignet, da die Oxidation schneller eintritt. In großen Formaten altert der Wein langsamer. Die Impériale enthält 6 l, also den Inhalt von acht Normflaschen.
Jahrgänge und Jahrgangsschwankungen verlieren an Bedeutung. Mit dem heutigen Know-how kann ein gutes Weingut selbst in schwierigeren Jahrgängen durchaus beeindruckende Weine hervorbringen.
Für die **Kombination** von Wein und Speisen gilt: Erlaubt ist, was schmeckt! Zu einem kräftiger gewürzten Fischgericht darf es also ruhig auch einmal ein leichter, fruchtiger Rotwein sein. Am schwierigsten sind sicherlich schärfere Gerichte, z. B. aus der Thaiküche. Hier harmonieren hervorragend eine Riesling-Spätlese oder ein aromatischer Gewürztraminer, z. B. aus dem Elsass. Komplizierter als gedacht ist die Kombination von Wein und Käse. Zum Rotwein wählt man am besten einen Hartkäse, zu trockenen Weißweinen wie Riesling oder Sauvig-

non Blanc Ziegenkäse; süße Weißweine, wie z. B. Sauternes aus Bordeaux, schmecken hervorragend zu Blauschimmelkäse. Am schwierigsten ist es mit cremigen und sehr reifen Käsen! So kann z. B. zu einem Chaource ein kräftiger Jahrgangschampagner einen würdigen Begleiter geben.
Yquem, Mouton Rothschild, Opus One oder Tignanello heißen sie, die so genannten **Kultweine,** welche mitunter zu horrenden Preisen gehandelt werden und außerordentlich rar sind. Bei den klassischen Kultweinen übersteigt die Nachfrage stets das Angebot.
Bezüglich der **Lagerung** sind Wein, Sekt und Champagner hochsensibel. Generell gilt: möglichst dunkel, kühl (12 °C) und ohne Einfluss von Fremdgerüchen. Wichtig ist auch genug Luftfeuchtigkeit. Vor allem sollten Sie auf möglichst konstante Temperatur achten. Temperaturwechsel sind Gift!
In ein größeres **Menü** sollte man nicht zu viele verschiedene Weine einbauen, um die Geschmacksnerven nicht zu überlasten. Falls Sie mit einem einzigen Typus das Menü begleiten möchten: Warum nicht einmal ein komplettes Menü mit einem oder mehreren Champagnern servieren?
Unter **Neue Welt** versteht man auch in der Weinwelt die Länder außerhalb des alten Europa: Auf der Nordhalbkugel ist das vor allem Kalifornien, in der Südhemisphäre Australien, Neuseeland, Argentinien, Chile und Südafrika. Oft sind Neue-Welt-Weine im Gegensatz zu ihren europäischen Konkurrenten nach dem neuesten önologischen Know-how gemacht, weshalb sich Neue-Welt-Winzer häufig der Kritik traditionell denkender Weingutsbesitzer in Europa ausgesetzt sehen. Auf dem Weltweinmarkt erfreuen sie sich bei privaten Weinliebhabern allerdings großer Beliebtheit.
Offenen Weinflaschen sollte man möglichst mit einer Vakuumpumpe die Luft zwischen Verschluss und Wein entziehen, um eine Oxidation zu vermeiden. Das Verhältnis Wein zu Sauerstoff ist nach dem Öffnen nicht mehr das ursprüngliche; der restliche Wein hätte zu viel Kontakt mit dem Sauerstoff in der Flasche. Die wieder geschlossene Flasche am besten im Kühlschrank lagern. Wirklich hochwertige Weine können noch nach Tagen überraschen, einfachere verlieren schnell und sollten am nächsten Tag konsumiert werden.
Cava, Champagner, Prosecco & Co, kurz: alles, was **prickelt!** Unschlagbar als Aperitif und Essensbegleiter ist Champagner. Das liegt an der Rebsortenzusammensetzung und der berühmten Methode Champenoise, der besonderen Zubereitung. Es darf aber durchaus auch einmal ein Cava oder ein Crémant sein, sehr lecker ist auch deutscher Winzersekt aus Riesling! Bei Prosecco sollte man in jedem Fall auf eine Spumante-Version (Schaumwein im Gegensatz zu Perlwein bzw. Frizzante) zurückgreifen.
Die **Qualität** fängt bereits im Weinberg an. Sind die Trauben erst einmal geerntet, lässt sich ein Wein kaum noch maskieren. Heutzutage sind Fragen wie Pflanzdichte, Erträge und Grünschnitt in aller Munde, Themen, die Weinbauern früher in vielen Regionen als nebensächlich erachtet haben. Spitzenwinzer kennen ihre Weinberge nahezu Quadratmeter für Quadratmeter und Rebstock für Rebstock auswendig und verbringen einen Großteil des Weinjahres im Weinberg.
Die Klassiker unter den weißen **Rebsorten** sind Riesling, Chardonnay und Sauvignon Blanc. Von den roten sind Spätburgunder (Pinot Noir), Shiraz (Syrah), Merlot und Cabernet Sauvignon besonders hochwertig. Außerdem Nebbiolo aus dem Piemont, aus dem so großartige Weine wie Barolo oder Barbaresco bereitet werden. Beliebt ist die Sangiovese aus der Toskana, wobei sie die genannten Sorten qualitativ nicht erreicht; sie profitiert, wenn sie in einer Cuvée mit Bordeauxsorten wie Merlot oder Cabernet Sauvignon abgefüllt wird (Chianti).
Süßweine enthalten natürlichen Restzucker. Oft ist auch der berühmte Edelpilz Botrytis im Spiel, der den spätreifen Trauben Wasser entzieht und sie so rosinieren lässt. Zuletzt wird der Wein aus einem Konzentrat mit hohem Zuckeranteil gewonnen. Besonders zu empfehlen: Deutsche und österreichische Süßweine oder ein Sauternes aus Bordeaux.
Spitzenweine kann man nicht überall erzeugen. Auf die Qualität haben vor allem Klima, Lage und Ausrichtung der Weinberge sowie der Boden Einfluss, kurz zusammengefasst unter dem französischen Begriff Terroir. Bei **Terroirweinen** steht nicht der Rebsortencharakter im Vordergrund, sondern die Identität der Region. So können die besten Rieslinge von den Schieferböden der Mosel mineralische Noten aufweisen.
Leichte, fruchtige Rotweine sollten bei einer **Trinktemperatur** von 14–16 °C serviert werden, gehaltvollere Rote bei 16–18 °C. Frische, knackige Weißweine bei 8 °C, körperreichere Weißweine wie ein buttriger Chardonnay ruhig bei 10–12 °C. Für Champagner gilt: Je edler, desto weniger muss man ihn herunterkühlen! Achtung: Oft wird in der Gastronomie versucht, durch übertriebenes Kühlen Fehler oder Schwächen zu überdecken. Die Aromen entwickeln sich bei höheren Temperaturen definitiv besser, weshalb Profis auch Weißweine nicht kalt verkosten! Die Regel, Rotwein bei Zimmertemperatur zu servieren, stammt übrigens aus Zeiten, als die Wohnräume längst nicht so wohltemperiert waren wie heute!
Das Thema **Verschlüsse** ist aktueller denn je. Für Alltagswein sind Alternativverschlüsse durchaus sinnvoll. Für längere Lagerung müssen sie sich hingegen noch bewähren. Zukunft haben wohl der Stelvin-Schraubverschluss und der Alcoa-Glasstopfen. Bei Kunststoffpfropfen ist ärgerlich, dass man von außen wegen der Kapsel nicht sieht, ob man es mit Naturkork oder Kunststoff zu tun hat. Denn für kultivierten Weingenuss ist Naturkork noch immer obligatorisch.
Für die Reihenfolge bei der **Weinauswahl** zum Essen gilt: Erst weiß, dann rot, vom leichteren zum gehaltvolleren, körperreicheren, vom alkoholärmeren zum stärkeren!
Zusatzstoffe sind für Wein tabu! Bei Neue-Welt-Weinen aus Kalifornien und Australien wird teils mit zugesetztem Tanninpulver oder mit Aromastoffen gearbeitet.

Register

Die Autorin

Monika Schuster ist gelernte Köchin und Küchenmeisterin, die u. a. auch die Ladengastronomie des renommierten Feinschmeckerparadieses »Dallmayr« in München leitete. Neben Rezeptentwicklungen für Großmeister E. Witzigmann und zahlreiche Industriekunden arbeitet Monika Schuster auch als Food-Stylistin, u. a. auch für dieses Buch. www.monika-schuster.de

Die Fotografin

Martina Görlach gehört zu Eising FoodPhotography mit Studios in München und Kennebunkport in Maine, USA, einem der führenden Fotostudios für Lebensmittelfotografie.

Programmleitung: Doris Birk

Leitende Redaktion:
Stephanie Wenzel

Lektorat:
Marion Schulz, Stephanie Wenzel

Umschlaggestaltung und Innenlayout: independent Medien-Design, München, Sandra-Jessica Gramisci

Fotoproduktion und Coverfoto:
Photostudio Eising, Martina Görlach, München

Bild Seite 6: photocuisine/Corbis

Food-Styling:
Monika Schuster, Michael Koch

Versuchsküche: Anka Köhler, Küchenmeisterin, München

Wein-ABC:
Stefan Weiß, Weinexperte, München

Herstellung: Petra Roth

Satz: Knipping Werbung GmbH, Berg/Starnberg

Reproduktion: Penta Repro, München

Druck: Appl, Wemding

Bindung: Conzella, Pfarrkirchen

Die **GU-Homepage** finden Sie unter **www.gu-online.de**

ISBN (10) 3-8338-0275-8
ISBN (13) 978-3-8338-0275-1

Auflage:

5.	4.	3.	2.	1.
2010	2009	2008	2007	2006

Die Kochschule No. 1 ist eine Marketinginitiative der Robert-Bosch-Hausgeräte GmbH. www.Kochschule-No1.de

DAS ORIGINAL · GU · MIT GARANTIE

Das Original mit Garantie

IHRE MEINUNG IST UNS WICHTIG. Deshalb möchten wir Ihre Kritik, gerne aber auch Ihr Lob erfahren, um als führender Ratgeberverlag für Sie noch besser zu werden. Darum: Schreiben Sie uns! Wir freuen uns auf Ihre Post und wünschen Ihnen viel Spaß mit Ihrem GU-Ratgeber.

UNSERE GARANTIE: Sollte ein GU-Ratgeber einmal einen Fehler enthalten, schicken Sie uns bitte das Buch mit einem kleinen Hinweis und der Quittung innerhalb von sechs Monaten nach dem Kauf zurück. Wir tauschen Ihnen den GU-Ratgeber gegen einen anderen zum gleichen oder einem ähnlichen Thema um.

Ihr GRÄFE UND UNZER VERLAG
Redaktion Kochen & Verwöhnen
Postfach 86 03 25
81630 München
Fax: 089/41981-113
e-mail: leserservice@graefe-und-unzer.de

GRÄFE UND UNZER

Ein Unternehmen der
GANSKE VERLAGSGRUPPE

KOCHSCHULE No 1
empfohlen von BOSCH